selbst ist der Mann

RENOVIEREN UND RESTAURIEREN

W0372049

MOEWIG

Verlagsunion Erich Pabel-Arthur Moewig KG, Rastatt

Sämtliche Anleitungen und Abbildungen stammen, sofern nicht anders angegeben, aus dem Redaktionsarchiv der Zeitschrift „Selbst ist der Mann“, Köln. Alle Angaben zu Material, Anwendung und Verarbeitung wurden sorgfältig geprüft. Dennoch muß im Einzelfall entschieden werden, ob die Bauvorschläge für den konkreten Verwendungszweck geeignet sind. Der Verlag kann eine Haftung für Personen-, Sach- oder Vermögensschäden, die sich aufgrund von Arbeiten gemäß den in diesem Band gesammelten Anleitungen ergeben, nicht übernehmen.

Nachweis der Urheberrechte: Seite 13-14: ICI Lacke Farben;
Seite 27-30: Henkel-Bautechnik; Seite 35-38: Storchwerke;
Seite 39-42: Villeroy & Boch/Caparol-Farben/Metabo/Fischer-Dübel;
Seite 47-50: Erfurt & Sohn/Caparol-Farben/Metabo;
Seite 51-70: Henkel/Lugato/Fischer-Dübel/Metabo/
Villeroy & Boch/Rigips/Glasurit/Caparol-Farben

Originalausgabe
© 1991 by Heinrich Bauer Spezialzeitschriften Verlag KG,
Köln/Verlagsunion Erich Pabel-Arthur Moewig KG, Rastatt
Redaktion: Bert Plank
Umschlagentwurf und -gestaltung: Network!, München
Umschlagfotos: Jochen Grün
Auslieferung in Österreich:
Pressegroßvertrieb Salzburg Gesellschaft m. b. H.,
Niederalm 300, A-5081 Anif
Printed in Portugal 1991
Druck und Bindung: Printer Portuguesa
ISBN 3-8118-8521-9

Inhalt

Wenn der Boden knarzt

Auch der solideste Holzfußboden kommt einmal in die Jahre. Dann fangen die Dielen an, sich zu verbiegen, bei jedem Schritt knarzt es wie im Spukschloß. Da hilft auf Dauer nur eine rigorose Trennung: Eine neue Bretterlage muß her. Unser Beispiel zeigt Ihnen die einfachste Möglichkeit, sich einen neuen Fußboden zu schaffen. Die Dielen dieses Altbaues waren schon ziemlich verrottet und abgetreten, so daß eine Reparatur keinen Sinn mehr gehabt hätte. Also wurden die Dielenbretter bis auf die tragenden Bohlen abgerissen. Die Tragbalken selbst wurden wieder neu imprägniert. Somit war ein solider Unterbau gesichert. Da das gesamte Dachgeschoß gut wärmeisoliert war und eine zusätzliche Schalldämmung nicht benötigt wurde, konnte auf Zwischenschichten verzichtet werden. Dadurch war es möglich, die neuen Dielen direkt auf die Tragbalken zu montieren. Mancher Heimwerker möchte aber die alten Dielenbretter nicht herausreißen und trotzdem einen neuen Fußboden verlegen. Dann empfiehlt es sich, auf einer Folie eine Ausgleichsschüttung vorzunehmen, damit die Unebenheiten des alten Bodens nicht nach oben „durchschlagen“ können. Auf diese Schüttung kommen anschließend Verbundplatten der Emissionsklasse E1, auf denen wiederum die neuen Dielenbretter verlegt werden können. Ebenso geht man vor, wenn die alte Dämmung ungenügend ist oder wenn statt der Holzdielen lieber Fliesen verlegt werden sollen. Dann kommen auf den alten Boden die Dämmschicht, darüber wieder Verbundplatten und zuletzt der neue Fußboden. Falls eine Trittschalldämpfung notwendig ist, hat es sich bewährt, Filzstreifen zwischen Lagerhölzer und Bodenbretter zu legen.

Das Holz – in unserem Beispiel Fußbodendielen mit einer Stärke von 28 Millimetern sowie Nut und Feder – wurde im

Die alten Dielen werden bis auf das Traggerüst herausgerissen. Um eine solide Unterlage für den neuen Boden zu schaffen, ist es unbedingt notwendig, die Balken genau auf Schäden zu untersuchen und sie neu zu imprägnieren.

Beim Verlegen der neuen Dielenbretter sollte man darauf achten, daß sie fugenlos aneinander liegen. Wenn nicht sorgfältig gearbeitet wird, könnte sich der neue Boden bald wieder verziehen. Daher erst nach genauer Kontrolle die Bretter verschrauben.

Baumarkt besorgt. Im Prinzip sollte man beim Kauf der Bodenbretter darauf achten – sie werden in verschiedenen Längen angeboten –, daß die Maße nach Möglichkeit den Raummaßen entsprechen. Sollte dies nicht möglich sein, so müssen Sie auf Stoß arbeiten, das heißt, Sie müssen Stücke aneinandersetzen. Dabei wird das abgesägte Reststück der ersten Reihe zum Anfang der zweiten Reihe, und so fort. Achten Sie darauf, daß die Stoßkanten jeweils auf einem Tragbalken liegen! Nach dem Verlegen sollte man den neuen Boden rund ein halbes Jahr in Ruhe lassen. Da Holz arbeitet, erreicht es erst nach diesem Zeitraum ungefähr seine endgültige Lage. Erst dann kann man den ganzen Boden abschleifen, da sich erfahrungsgemäß an den Brettkanten doch leichte Unebenheiten bemerkbar machen werden. Wer allerdings keinen besonderen Wert auf einen vollkommen glatten Boden legt, etwa weil sowieso ein dicker Teppich verlegt werden soll oder weil er die leichten Unebenheiten als reizvoll empfindet, der kann sich diesen Arbeitsgang sparen.

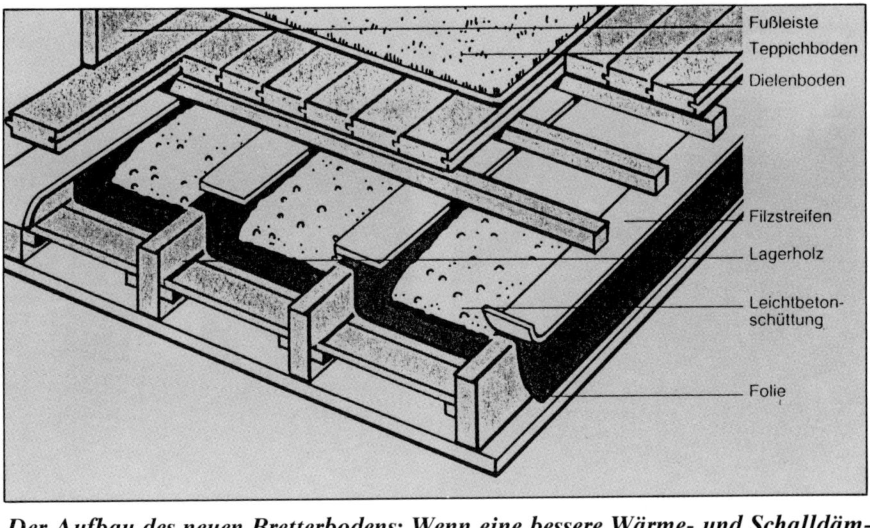

Der Aufbau des neuen Bretterbodens: Wenn eine bessere Wärme- und Schalldämmung als bisher erwünscht ist, bieten sich bei der Erneuerung verschiedene Maßnahmen an. Die Wärmedämmung wird verbessert, wenn zwischen die Tragbalken eine zusätzliche Schüttung eingebracht wird. Diese Maßnahme bringt nebenbei auch eine erhöhte Schallisolierung. Gegen Trittschall nagelt man Filzstreifen zwischen Tragbalken und Bodendielen.

Um Nut und Feder fest ineinander zu treiben, kann man eine derartige Hilfskonstruktion aus Resthölzern, Keilen und Zwingen verwenden.

Das Holzstück zwischen den Keilen und der Diele verhindert, daß die Nut beim Eintreiben des Dielenbrettes beschädigt wird.

Die Grundierung des neuen Bodens – am besten mit Mitteln auf natürlicher Basis – wird mit dem Pinsel aufgetragen und braucht 24 Stunden, um durchzutrocknen

Wer eine vollkommen glatte Bodenfläche wünscht, muß sich Zeit lassen. Erst nach einem halben Jahr sollte man schleifen, da erst dann die Dielen richtig liegen.

Eine neue Bank fürs alte Fenster

In Altbauten finden sich oft noch schmale Fensterbänke, auf denen nicht mal eine kleinere Topfpflanze ihren Platz findet. Außerdem sind sie über die Jahre hin meist nicht gerade ansehnlicher geworden. Hier kann ein Renovierungs-Element mit breiter Blende die Lösung sein, das einfach über das alte Fensterbrett geschoben wird. Zum Beispiel liefert die Firma Werzalit über den Fachhandel Fensterbänke aus 17 Millimeter dickem Preßspan, die es in verschiedenen Furnieren gibt. Dabei ist die Breite der Auflage und die Höhe der Blende in unterschiedlichen Größen lieferbar. Die hier gezeigte Fensterbank hat beispielsweise eine 65 Millimeter hohe Blende und ist 150 Millimeter tief.

Doch nicht immer läßt sich die alte Bank durch den Aufschub problemlos verdecken. Oft ist sie nämlich noch rechts und links sichtbar im Mauerwerk eingelassen und würde somit nicht ganz hinter der Blende verschwinden. Um eine vollkommene Abdeckung zu erreichen, müssen Sie die Fensterbank rund 100 Millimeter länger kaufen und so aussparen, daß die Blende an jeder Seite rund fünf Zentimeter breiter als der Fensterrahmen ist. Außerdem können Sie das Mauerwerk etwas aufmeißeln und das neue Brett seitlich einlassen. Dies hat den Vorteil, daß man die gesägte Kante nicht sieht.

Mit Hilfe einer Pappschablone lassen sich auch komplizierte Winkel am Fenster leicht auf die neue Blende übertragen. Außerdem empfiehlt es sich, auf das alte Brett als Ausgleichsmasse Montageschaum zu sprühen. Die neue Bank gibt dann Ihrem Fenster wieder ein ordentliches Gesicht.

Ob altes oder neues Fenster - die neue Bank gibt es in verschiedenen Furnieren, so daß man sie jeder beliebigen Umgebung optisch anpassen kann.

Zur Abdeckung der seitlich sichtbaren Sägefläche gibt es Plättchen in der Furnierart als Zubehör. Jedoch ist auch aufbügelbares Furnier geeignet.

Eine saubere Sache

Wer kennt nicht das leidige Problem: Eigentlich ist nur eine Wand zu streichen, weil der Junior sich auf ihr mit Malstiften verewigt hat, obwohl der Raum erst vor kurzem renoviert worden war. Da geht es dann los, das Farbmischen, bis der Ton genau stimmt, es muß probiert und wieder probiert werden, es müssen die Möbel weggerückt und der Boden abgeklebt werden, damit die Malerarbeit keine Spuren hinterläßt.

Damit ist es seit einiger Zeit vorbei. Die neuen Creme-Wandfarben brauchen Sie nicht mehr selbst zu mischen, denn sie sind gebrauchsfertig abgetönt und können jederzeit im Original-Farbton nachgekauft werden. Ein großer Vorteil dieser Creme-Farben ist, daß sie tropfgehemmt sind und somit die lästigen Spritzer beim Anstreichen entfallen. So lassen sich damit ideal Innenräume mit festem Untergrund, zum Beispiel Rauhfaser oder Putz, behandeln. Dazu kommt als weiteres Plus, daß diese Farben schnell trocknen. Zwei bis vier Stunden reichen, und so wird die Renovierung erheblich erleichtert. Bei der hohen Deckkraft dieser Farben reicht im Normalfall ein Anstrich, so daß auch dadurch der Zeitaufwand gering ist. Schließlich sind diese Erzeugnisse auch noch umweltfreundlich.

Creme-Wandfarbe gibt es in den meisten Bau- und Heimwerkermärkten, aber auch im Fachhandel. Geliefert wird sie in der Farbwanne, aber auch im 2,5-Liter-Eimer, der je nach Untergrund für rund 30 Quadratmeter ausreicht. Mehrere Pastelltöne sowie Weiß sind in Seidenmatt erhältlich, dazu ein weißer Anstrich in Glänzend für die Liebhaber kühlen Wohnkomforts.

Entweder kauft man die Creme-Farbe im handlichen Paket, das zugleich als Farbwanne dient, oder man füllt sie in eine sogenannte Lack-Wanne. Ein Abrollgitter wird dadurch nicht benötigt.

Die Farbe wird mit der Rolle aufgenommen. Nachdem sie zweimal über die Abrollfläche gezogen wurde, wird die Farbe gleichmäßig und zügig aufgetragen. Sie läßt sich aber auch mit dem Pinsel verarbeiten.

Wenn der Rost nagt

Die Suche nach rostigen Teilen rund ums Haus ist schnell erfolgreich, man braucht dabei dem Auto nicht einmal näher zu kommen. Gitter, Geländer oder Gartenleuchten sind für den Rostbefall schnell ein „gefundenes Fressen“, da lackierte oder mit Zink versiegelte Oberflächen auf Dauer nur sehr selten dicht halten. Immer dann aber, wenn Eisen mit Sauerstoff in Verbindung kommt – ein Wassertropfen ist dabei das ideale Transportmittel –, entsteht Rost.

Es gibt mehrere Wege, ihn wieder zu entfernen. Die sicherste, aber nicht immer praktikable Lösung ist, die Schadstelle so lange abzuschleifen, bis nur noch blankes Metall zu sehen ist. Wenn Sie sandstrahlen, können Sie der Korrosion ebenfalls Einhalt gebieten, denn dann ist in dem dunklen Fleck, der als sogenannter Rosthof verbleibt, alles herausgeblasen, was eventuell weiterfressen könnte.

Bürsten oder schmirgeln Sie allerdings nur oberflächlich, wäre ein anschließender einfacher Rostschutz-Anstrich lediglich eine Kosmetik auf Zeit, denn in der porösen Oberfläche steht der Rost nach wie vor in den Startlöchern.

Es gibt jedoch eine Reihe von Grundierungen im Handel, die es sogar möglich machen, den Anstrich gleich auf die rostige Fläche aufzutragen. Das hat den Rie-

Zahlreiche Hilfsmittel kann man im Kampf gegen den Rost einsetzen. Allein eine gute Drahtbürste oder ein Schleifgerät verspricht noch nicht den Sieg; genauso wichtig ist eine Rostschutzgrundierung. Taugliche und untaugliche Mittel dafür stehen aber nebeneinander im Regal, ohne daß sich nach einer Faustregel feststellen ließe, ob sie sogar schon auf angerosteten Flächen Wirkung zeigen.

senvorteil, daß sich die lästigen Schleifarbeiten in Grenzen halten. Die zweifach aufgetragene Schicht verankert sich im Untergrund und kann nur sehr schwer vom Rost unterwandert werden. Hierbei handelt es sich allerdings nicht um die aus dem Kraftfahrzeug-Zubehörhandel bekannten Rostumwandler, die meist kaum eine Wirkung zeigen. Auch sind lösemittelhaltige Anti-Rost-Farben oder Bleimennige längst aus Gesundheits- und Umweltgründen Stand von gestern.
Bei der Laterne unseres Beispiels wurde eine Emulsion auf Wasserbasis verwendet (SFS Stadler), deren Wirksamkeit sich bereits an einer damit behandelten Sonnenuhr erwiesen hat: Deren dünne Eisenstäbe zeigen auch nach drei Jahren in Wind und Wetter noch keinen Rostbefall.
Für die Schleifarbeiten steht heute eine Vielzahl von Geräten, Zubehör und Werkzeug zur Verfügung. Das reicht von der einfachen Drahtbürste über die Zusatzteile für Bohrmaschinen bis hin zu eigenen Schleifern, wobei sich heute der Exzenterschleifer immer größerer Beliebtheit erfreut. Als recht praktisch haben sich auch die mit einer Fahrradpumpe verstellbaren Rundschleifer herausgestellt, ebenso die Wechselbürsten, die von der Firma Turbo-Igel aus München angeboten werden.

Der Blick ins Innere der Laterne zeigt, daß der Zahn der Zeit und damit der Rost bereits kräftig gewirkt haben. Maßnahmen müssen ergriffen werden, wenn die Außenleuchte weiterhin für viele Jahre ihren Dienst versehen soll.

Beim Bürsten und Schleifen von schmalen Blechstreben ist es von Vorteil, wenn man auf eine stationäre Anlage zurückgreifen kann, denn damit läßt sich exakter und auch leichter arbeiten. Außerdem ist die Verletzungsgefahr geringer.

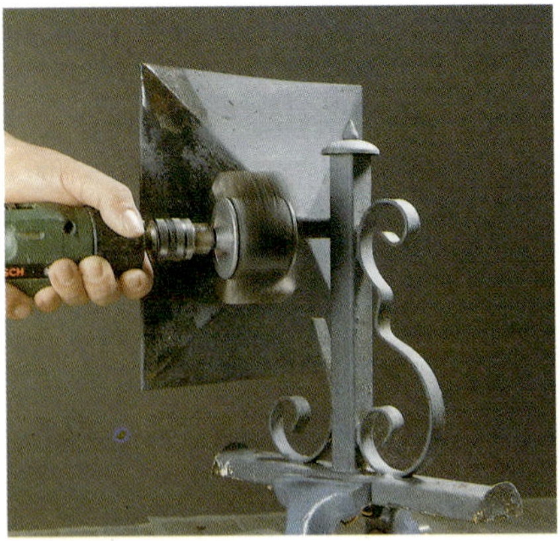

Bei größeren Flächen kann man die Maschine genausogut in der Hand halten. Dabei gibt es für die Bohrmaschine viele praktische Vorsätze.

Nur die Rostkrümel und natürlich auch lockere Schichten muß man entfernen, wenn man eine der speziellen Rostschutzgrundierungen verwendet.

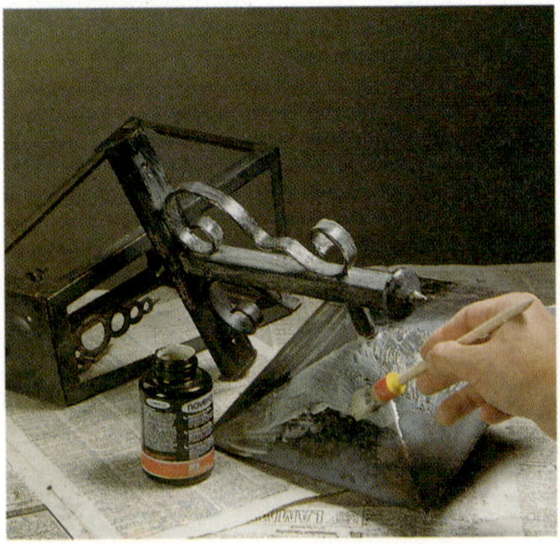

Diesen Rostschutz kann man als kriechfähiges Spray auftragen oder -streichen. Das Mittel bereitet den rostigen Untergrund bei zweimaligem Anstrich so auf. . . ,

. . . daß er nach einem Tag Trocknungszeit lackiert werden kann. Ob bereits eine Lackschicht ausreicht, muß man von Fall zu Fall und je nach Einsatz entscheiden.

Der große Hausputz

Wenn im Frühjahr Regenschauer gegen die neue Ziegelfassade prasseln, blüht manchem Hausbesitzer etwas später eine unangenehme Überraschung: Die einstige „Schokoladenseite" seines Hauses „blüht aus" und verhüllt sich mit einem grauen Schleier. Was ist da passiert?

Falls sich Klinkermauern durch graue Fahnen verschleiern, die sich obendrein auch noch wie ein Tannenbaum nach unten ausbreiten, war oder ist immer „fließendes" Wasser im Spiel. Nicht kleine Dampfmengen sind es, die beim Austrocknen eines Neubaus für häßliche Flecken sorgen, auch wenn mancher Bau-Unternehmer Derartiges erzählen sollte. Diese Schäden treten vielmehr durch größere Wassermengen von außen auf. Die ständigen Rinnsale finden ihren Weg nach innen durch schlecht verfüllte Fugen, vor allem auf der Schlagwetterseite. Kurz und gut: Am Bau wurde gepfuscht – und dieser Pfusch ist gar nicht so selten. Deshalb müssen Sie vor der Beseitigung des Schadens erst einmal herausfinden, durch welche Ritzen das Wasser ins Mauerwerk gelangen konnte.

In dem Fall, den wir hier als Beispiel darstellen, ließ sich der Grund des Wasserschadens leicht feststellen: Die Häuserfront war für längere Zeit „vom Regen in die Traufe" gekommen, weil nötige Fallrohre zunächst nicht an den Dachrinnen angeschlossen waren und das Wasser frei ablief. Die Auslaugungen entstehen, weil übermäßig viel Wasser in die Fugen eindringt. Durch das Fließwasser wird eine sogenannte Kalkmilch freigesetzt, die dann durch den Mörtel sowie viele Steinreihen nach unten sickert und an anderen undichten Stellen wieder austritt. Als unangenehme Begleiterscheinung bleibt eine häßliche Verkrustung zurück, die sich nur noch mit speziellen Reinigern beseitigen läßt.

Wenn Sie Ihr Domizil ebenfalls vom

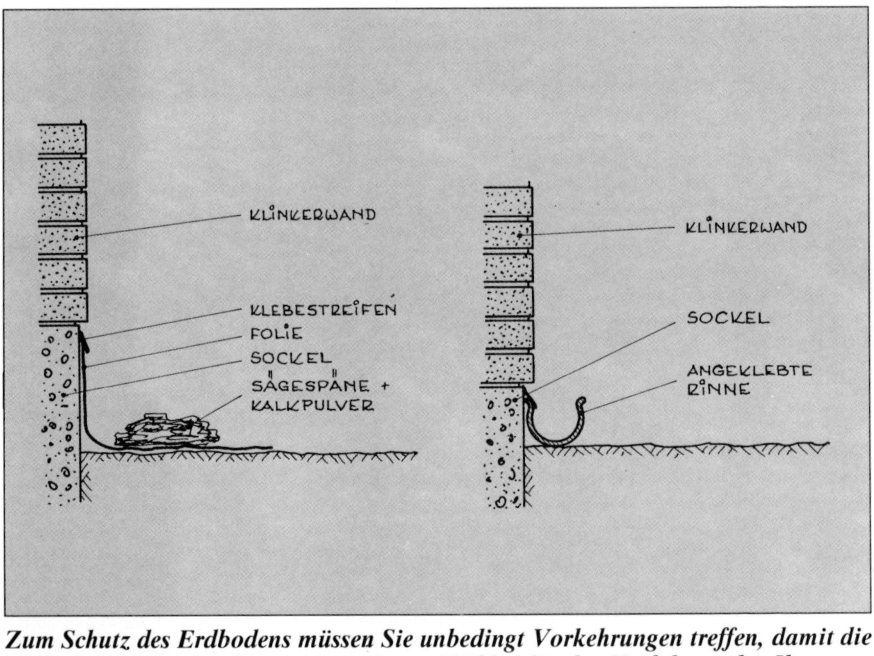

Zum Schutz des Erdbodens müssen Sie unbedingt Vorkehrungen treffen, damit die Reinigungslösung nicht einsickern kann. Wählen Sie das Verfahren, das Ihnen am besten geeignet scheint.

Grauschleier befreien wollen, sollten Sie vorher eingehend prüfen, ob es sich bei Ihnen um einen ähnlich gelagerten Fall handelt. Fällt Ihnen die notwendige Diagnose schwer oder haben Sie Fragen zur Anwendung bei den geeigneten Spezialmitteln für die Reinigung und die nachfolgende Versiegelung, so bekommen Sie fachkundigen Rat bei Spezialfirmen.
Bevor Sie sich an die Arbeit des Reinigens machen, sollten Sie die gesamte Umgebung Ihres Arbeitsfeldes sorgfältig abdecken, da die verwendeten Mittel doch recht aggressiv sind. Auch sollten Sie beim Arbeiten immer Schutzkleidung und Handschuhe tragen. Bei der Auswahl der Reinigungsmittel reicht ein Klinkerreiniger (wie zum Beispiel Alkutex C) normalerweise völlig aus. Nur bei hartnäckigen Schleiern sollten Sie zu härteren Mitteln greifen. Die Mittel müssen gleich nach der Reinigung abgespült werden; daher nur jeweils kleinere Flächen bearbeiten!
Wenn die Mauer gereinigt ist, sollte sie genügend Zeit haben, auszutrocknen. Anschließend kann man an die Versiegelung der Klinkerwand gehen. Mit schwachem Strahl aus einer Spritze, wie sie zum Versprühen von Insektenmitteln im Garten verwendet wird, sprüht man das Imprägniermittel auf die Mauer auf. Es soll von dieser sofort aufgesaugt werden. Dabei erzielt man einen Langzeitschutz, wenn die Steine bis zur Sättigung geflutet werden. Das darauf abgestimmte Silikon läßt Wasser von außen abperlen, während Feuchtigkeit aus der Mauer austreten kann.

Scheuern Sie starken Schmutz am besten mit einer Bürste von den Steinen. Dafür reicht normalerweise ein Klinkerreiniger aus. Nur bei stärkerer Verschmutzung sollte man zu härteren Mitteln greifen.

Die Fassade sollte vor der eigentlichen Reinigung leicht angenäßt werden. Arbeiten Sie nur an einer kleinen Fläche, die Sie gleich danach gründlich abspülen. Vergessen Sie bei diesen Arbeiten nicht, Schutzkleidung zu tragen!

Nach dem Abtrocknen des Mauerwerks können Sie mit dem Versiegeln beginnen. Dazu geben Sie etwa 1 bar Druck auf die Spritze, damit das Imprägniermittel . . .

. . . mit schwachem Strahl (dazu die Düse abschrauben!) auf die Klinker trifft und von diesen gleich aufgesaugt werden kann. Natürlich decken Sie andere Gewerke wieder ab.

Ein Langzeitschutz wird erreicht, wenn Sie die Steine bis zur Sättigung fluten. Das abgestimmte Silikon dringt dann tief in das Mauerwerk ein und bewirkt den Abperleffekt gegen die Witterung.

Wenn Sie das Mauerwerk lediglich einsprühen, kann das Imprägniermittel nicht so tief in die Steine eindringen, und der Effekt ist nicht so langanhaltend.

Rustikale Riemchen

Der Rohbau stand, das Richtfest war gefeiert. Nur wie es weitergehen sollte, war noch unklar. Der Bauherr hätte gern, weil er künftig Zeit und Geld sparen mochte, das ganze Haus rundum „verklinkert“, wie der Volksmund so etwas nennt. Die Dame des Hauses dagegen wünschte sich eine helle Putzfassade, die man später durch einen Neuanstrich verändern könnte. Der Kompromiß war schnell gefunden: eine Kombination aus beidem. Stellenweise mit Riemchen verkleidete Wände wirken wohlgegliedert und aufgelockert; sie schaffen einen Landhaus-Charakter und schützen nicht zuletzt, besonders im Sockelbereich, vor Verschmutzung.

In diesem speziellen Fall entschieden sich die Hausbesitzer, auch den Winkel zum Garten hin rustikal zu gestalten. Verwendet wurden dafür rotbraune Handform-Riemchen, wie sie beispielsweise Röben herstellt. Die gibt es, 23 Millimeter dick, für ca. 50 Mark pro Quadratmeter beim Baustoffhandel. Es ist dies eine Investition, die sich lohnt, wenn man bedenkt, daß die damit verkleideten Wände praktisch unbegrenzt ihr ansprechendes Äußeres behalten, ganz ohne Pflege – an Renovierung braucht man auf absehbare Zeit nicht zu denken.

Das Verlegen der Riemchen wird einen versierten Heimwerker kaum in Verlegenheit bringen. Mit flexiblem, für außen geeignetem Kleber haften sie auf allen ebenen Flächen (im Innenbereich übrigens auch auf Gipskarton- oder Spanplatten). Die großen Mengen des Klebers, die benötigt werden, lassen sich am besten mit

Von den Straßenseite her zeigt das Haus seine hell und freundlich verputze Fassade, die sich bei einer Renovierung farblich verändern läßt. Auch hier ist die Verklinkerung der übrigen Seiten aufgenommen.

einem Rührgerät mixen. Die fertige Mischung wird dann mit einem Zahnspachtel aufgezogen. Anschließend schiebt man Riemchen für Riemchen ins Kleberbett ein, hilft mit dem Gummihammer leicht nach und kontrolliert mit Hilfe einer Schlauchwaage sowie einer Schnur, ob die Richtung stimmt. Beginnen Sie dabei an einer Ecke.

Saubere Kanten und einen garantiert richtigen Anschluß erreichen Sie mit Hilfe von Winkelriemchen. So arbeiten Sie sich am besten Reihe für Reihe von oben nach unten vor. Dabei wird die Schnur-Markierung jeweils versetzt. Im Verband verlegt, wirkt die „Mauer" am besten. Lediglich über den Fenstern wird wie bei echten Backsteinwänden jeweils eine Reihe Riemchen senkrecht verlegt; damit soll ein gemauerter Fenstersturz angedeutet werden.

Auf diese Weise sind selbst große Flächen in kurzer Zeit zu „verblenden". Etwas mehr Mühe macht später das Verfugen. Richten Sie sich beim Mörtel-Mischen genau nach der Gebrauchsanleitung auf der Packung. Zu feucht oder zu trocken angemischt läßt sich die Fugenmasse nämlich kaum sauber verarbeiten. Zum Schluß werden die Fugen mit einem feuchten Pinsel gereinigt.

Die Riemchen gibt es nicht nur in Rot-Braun. Sie werden in vielen weiteren Material- und Farbvarianten angeboten. So empfehlen sich für Innenwände zum Beispiel solche, die nur elf Millimeter dick sind und nicht verfugt werden müssen, was eine weitere Arbeitserleichterung ist.

Beginnen Sie an einer Ecke mit dem Verlegen, nachdem Sie den Kleber mit einem Rührgerät angemixt haben. Winkelriemchen schaffen saubere Kanten und garantieren den richtigen Anschluß.

Mit der Schlauchwaage läßt sich die Waagrechte im Arbeitsbereich ermitteln. Als Markierung spannen Sie dann eine Schnur, an der Sie sich auf der ganzen Linie exakt orientieren können.

Nun tragen Sie eine größere Menge Kleber auf und drücken die Riemchen zügig im Verband an. Als Fugenbreite ist ein Zentimeter angemessen. Leichte Schläge mit dem Gummihammer fördern die Haftung.

Wie bei Original-Backsteinwänden wird über dem Fenster eine Reihe Riemchen senkrecht verlegt, um einen gemauerten Sturz anzudeuten. So arbeitet man sich Reihe für Reihe von oben nach unten vor.

Wie bei einer Backsteinmauer, so werden auch Riemchen stilgerecht „tief" verfugt. Diese Technik führt dazu, daß sich je nach Lichteinfall interessante Kontraste von Licht und Schatten ergeben.

Damit die „Klinkermauer" richtig wirken kann, muß man die Fugen zum Abschluß ordentlich glätten und säubern. Dazu verwendet man einen feuchten Borstenpinsel, mit dem man die Verfugung ausbürstet.

Verputzen leicht gemacht

Ein Trost ist uns geblieben – es wird verputzt und abgerieben." Mit diesem bekannten Spruch der Maurerzunft wird scherzhaft darauf hingewiesen, daß beim traditionell erstellten Mauerwerk mit seiner Stein-auf-Stein-Technik kleinere und größere Unregelmäßigkeiten überhaupt kein Problem darstellen: Eine satte Lage Putz verdeckt ja schließlich gnädig alle etwaigen Unzulänglichkeiten.
Beim Bauen mit Gasbetonsteinen ist diese Art Putzkosmetik überhaupt kein Thema. Da gelingt der Rohbau bei sorgfältigem Arbeiten selbst handwerklichen Laien so exakt, daß der Putz schließlich nur noch wenige Millimeter dick aufgezogen werden muß. Das erleichtert die Arbeit nicht nur beim Neubau, sondern auch bei Um- und Ausbauten erheblich. Überdies kommt es billiger, weil nicht so viel Material verarbeitet werden muß.
Bevor man eine Gasbetonwand verputzt, wird der Untergrund jeweils von lose sitzenden Teilen befreit und gründlich abgefegt. Anschließend spachtelt man größere Ausbrüche und Schlitze aus. Ecken und Kanten werden danach mit Putzschienen versehen, die sie später schützen und stabilisieren. Den Glättputz verrührt man mit Wasser zu einem knollenfreien Brei; am besten verwendet man hierfür ein Rührgerät, das man in die Bohrmaschine einspannen kann.
Dann wird die fertige Mischung mit einer Schichtdicke von etwa fünf Millimetern aufgezogen. Mit einem Richtscheit wird die Fläche geebnet und nach dem Anziehen mit einem Filzbrett oder einer Schwammscheibe unter Annässen geglättet.
Sollen die Wände nicht tapeziert werden, können im nächsten Arbeitsgang auch Roll- oder Reibeputze aufgetragen werden. Für eine bequeme Verarbeitung bietet beispielsweise Ceresit einen heimwerkerfreundlichen Rustikal-Putz an, der

Den Glättputz mit der vorgeschriebenen Wassermenge mischen. Dabei muß man sich genau an das vorgegebene Mischungsverhältnis halten.

So lange durchrühren, bis ein knollenfreier Brei entstanden ist. Dafür verwendet man am besten ein Rührgerät, das in eine Bohrmaschine eingespannt wird.

gebrauchsfertig angemischt in Eimern geliefert wird. Die einfach verputzte Wand wird hierbei zuerst mit Tiefengrund vorbehandelt. Im nächsten Arbeitsgang trägt man Latex-Grundierfarbe auf; dadurch wird die Wandfläche für die Weiterbehandlung verfestigt. Der gebrauchsfertige Rustikalputz wird aufgezogen und schließlich mit der Glättkelle gleichmäßig auf Kornstärke abgerieben. Für die Außenwände bietet der Handel Gasbeton-Spezialputze an, die ebenso aufgebracht werden.

Um auch die Dämmplatten der Balkonwände mit Reibeputz behandeln zu können, muß zuerst ein Spezialmörtel mit Gewebe-Einlage aufgebracht werden. Ceresit bietet für diesen Zweck zum Beispiel den VWS-Mörtel an. Er wird zunächst dünn aufgezogen; in das feuchte Mörtelbett legt man dann das Spezialgewebe ein. Die gesamte Wandfläche wird so überlappend mit Gewebe bedeckt und anschließend mit einer zweiten Mörtelschicht abgedeckt. Wenn der Spezialmörtel durchgehärtet ist, bekommt er als nächstes eine Grundierung. Im letzten Arbeitsgang kann dann ebenfalls wieder mit dem Reibeputz beschichtet werden.

Nun wird der Putz einlagig auf die staubfreie Wand aufgetragen. Die Schicht soll etwa fünf Millimeter stark sein.

Anschließend ebnet man die Fläche mit dem Richtscheit. Dabei sollte man nicht vergessen, an den Kanten zum Schutz und zur Stabilisierung Putzschienen anzubringen.

Letzte grobe Unebenheiten beseitigt man mit der Glättkelle. Notfalls füllt man Vertiefungen und Löcher noch mit weiterem Putzmörtel auf, bis die Fläche eben ist.

Nachdem der Putz angezogen hat, glättet man mit einem Filzbrett oder einer Schwammscheibe. Dabei muß man darauf achten, daß die Oberfläche immer gut angenäßt ist.

Wo Reibeputz vorgesehen ist, wird mit Tiefgrund vorgearbeitet; anschließend trägt man Latex-Grundierfarbe auf. Dann kann der Rauhputz aufgezogen werden.

Zum Abschluß wird der Putz mit der Glättkelle gleichmäßig auf Kornstärke abgerieben. Dies erfolgt, im Gegensatz zum Glattputz, ohne die obere Schicht anzunässen.

Hausputz mit der Kelle

Altbaubewohner kennen das: Der spontan geplante Tapetenwechsel im Wohnzimmer wird zur Großaktion, die nicht nur das Wochenende, sondern auch noch ein paar Abende der folgenden Woche erfordert. Die Tapeten halten mit allen Fasern; sind sie endlich entfernt, tun sich neue Überraschungen an und in den Wänden auf: Risse, abgebrochene Putzkanten; wo Bilder hingen, sind mehr oder minder große Löcher im Putz.

Früher rührte man in solchen Fällen reinen Gips an, dessen Vor-, aber auch Nachteil es ist, daß er schon anzieht, während man ihn noch anrührt. Dieses Tempo ist erwünscht beim Fixieren neuer Elektroleitungen oder von Steckdosen. Vorher muß man allerdings die Arbeitsstelle gründlich einnässen, damit der Gips nicht „verbrennt".

Weniger eilige „Füllungen" lassen sich mit gips- oder zementhaltigen Mischungen erledigen. Es gibt sie, speziell auf diverse Zwecke abgestimmt, als Füllspachtel, Reparaturspachtel oder Putzmischung. Man löst das Pulver nach Gebrauchsanleitung in Wasser und rührt so lange, bis eine zähflüssige, klumpenfreie Masse entsteht, die sich mit dem Spachtel, auf größeren Flächen auch mit der Glättkelle, verarbeiten läßt. Alle diese Mischungen binden nicht so rasant ab wie purer Gips, sondern bleiben durchschnittlich eine Stunde lang „offen". Allerdings

Bei Außenarbeiten kann man nicht jedes Material benutzen. Achten Sie bei derartigen Reparaturen darauf, daß Sie nur frostfesten Putz verwenden. Außerdem muß man vorher prüfen, ob nicht Feuchtigkeit, die aus der Mauer kommt, den Putz zerstört hat. Wenn das der Fall ist, muß zuerst die Ursache abgestellt werden.

gibt es eine Ausnahme: Sogenannter Blitzzement hält schwere Dübellasten oder stark belastete Bauteile bereits nach wenigen Minuten.

Als Misch- und Arbeitsgefäße sind Gummi- oder Kunststoffbehälter gut geeignet, vom kleinen Schälchen bis zur großen Mörtelwanne. Es ist ihr Vorteil, daß sie sich nach Gebrauch gut reinigen lassen. Wer gleich größere Mengen zubereitet, sollte einen Quirl als Bohrmaschinen-Vorsatz benutzen. Für ganz eilige Kleinreparaturen gibt es auch „Instant"-Produkte in Dosen oder Tuben, die nicht einmal mehr angerührt zu werden brauchen.

Bevor Sie mit dem Verputzen anfangen, müssen Sie alle losen Teile, Fett, Farbe und Schmutz entfernen. Als Grundregel gilt dabei: eher mehr als zuwenig! Risse, die sich übrigens mit elastischem Fugenmaterial aus der Kartusche oft besser und dauerhafter füllen lassen als mit Spachtelmasse, sollte man so erweitern, daß sie der Füllung genug Halt geben. Vorzunässen braucht man bei der Verwendung von Fertigprodukten nur, wenn es die Gebrauchsanleitung ausdrücklich fordert, damit dem Teig die Feuchtigkeit nicht zu schnell entzogen wird.

Wenn die Reparaturstelle trocken ist, schleift man sie glatt und streicht mit Tiefgrund. Sonst kann es passieren, daß später der Anstrich oder die Tapete schlecht haftet.

Ein Trick zum Sparen: Größere Löcher und Schlitze füllt man mit angefeuchtetem Zeitungspapier, das man vorher in die Spachtelmasse taucht. Die Leitungen werden zuerst mit reinem Gips fixiert.

Für schwere Bauteile verwendet man schnell abbindenden Mörtel, sogenannten Blitzzement. Er hält die Teile schon nach wenigen Minuten Abbindezeit bombenfest.

Ob man Fensterbänke neu einsetzt oder nur den Putz nachbessern will – Fertigmörtel erleichtert auf jeden Fall die Arbeit. Er wird mit der Glättkelle aufgetragen.

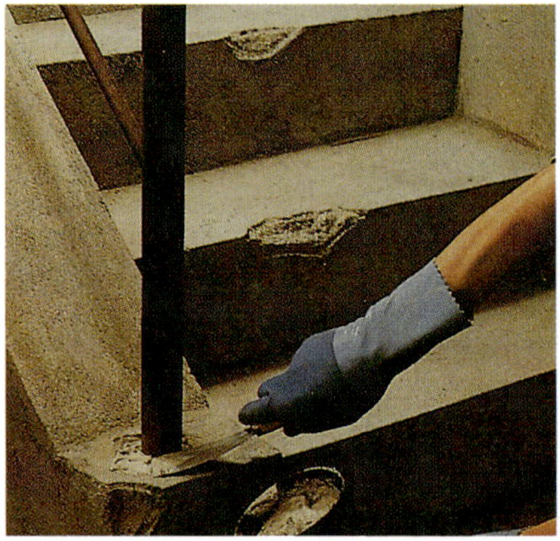

Zementhaltige Mischungen eignen sich für stark belastete Verbindungen, wie hier bei der Verankerung eines Treppengeländers, aber auch zur Reparatur von ausgebrochenen Stufen.

Sogar mauern kann man mit dem Mörtel „aus der Tüte". Hier werden abgebröckelte Natursteine in Fertigmörtel neu verlegt. Man kann dabei relativ starke Bettungen auftragen.

Solche Putz-Ausbrüche sollte man so bald wie möglich ausbessern, damit nicht größerer Schaden entsteht. Auch hier empfehlen sich Reparaturmörtel-Fertigmischungen.

Bilder – mal gekratzt, mal gerollt

Putz kann mehr sein als nur witterungsbeständige Außenhaut des Hauses. Allein die Wahl der Oberflächenstruktur gibt jedem Haus seinen eigenen Charakter. Mehr und mehr werden Putze daher auch im Innenbereich eingesetzt.

Besonders interessante Möglichkeiten bietet hier der Tropholit Edel-Kratzputz von quick-mix, den es sogar in einer umfangreichen Farbpalette als fertige Trockenmischung gibt. Als Beispiel wurde hier mit diesem Material ein Treppenhaus einmal ungewöhnlich gestaltet. Der Besucher schaut auf ein Gemälde, das ohne Pinsel lediglich durch die Verwendung verschiedenfarbiger Putzmischungen entstand. Dazu muß der Gips-Untergrund für den mineralischen Kratzputz mit einer absperrenden Haftbrücke versehen werden. Dann werden Schablonen aus 13 Millimeter starker Spanplatte mit der Stichsäge ausgesägt und nach Vorlage des Entwurfs an die Wand genagelt. Anschließend trägt man den angerührten Fertigputz auf die Fläche auf. Nachher kann man die Schablonen vorsichtig entfernen. Damit die Konturen des Bildes auch wirklich scharf werden, glättet man die Ränder sorgfältig.

Beim Auffüllen der bisher von den Schablonen abgedeckten Flächen mit farbigem Putz ist darauf zu achten, daß die Schichtstärke exakt der Umgebung entspricht. Dann läßt man den Putz über Nacht anziehen, bevor man mit dem Nagelbrett die Kratzstruktur herausarbeitet.

Eine andere Möglichkeit, eine Wand farblich bei der Renovierung zu strukturieren, besteht darin, ein Farbmuster aufzurollen. Mit der „Roll-Art“-Walze der Firma Storch ließe sich theoretisch die ganze Wohnung einheitlich gestalten. Vom Teppichboden über die Tapete bis zur Decke, von der Tischdecke über das Sofakissen bis zur Gardine – alles könnte das gleiche Muster bekommen. Solche Eintönigkeit wäre jedoch nicht nur langweilig, sondern

Die Schablonen werden mit der Stichsäge aus 13 Millimeter starker Spanplatte ausgesägt und dann an die Wand genagelt. Anschließend wird auf die verbleibende Fläche Fertigputz gleichmäßig aufgetragen.

Jetzt kann man die Schablonen der Farbfelder vorsichtig von der rundum verputzten Wand ablösen. Damit sich die Konturen des Motivs scharf abheben, glättet man die Ränder sorgfältig.

würde auch der Vielfalt an Möglichkeiten nicht gerecht, die dieses Gerät bietet, denn eher der sparsame Gebrauch graphischer Elemente schmückt die Räume: Friese, Umrahmungen, trennende Linien oder sogar Einzelmotive treten stärker hervor als zu große gemusterte Flächen. Außerdem gibt es jetzt schon weit über zwanzig verschiedene Muster auf Rollen, die sich zudem auch noch verschieden- oder mehrfarbig drucken lassen. Kein Grund zur Monotonie also.

Das Gerät selbst ist einfach konstruiert. Eine Farbwalze aus Moltopren-Schaum nimmt aus der dreigeteilten Wanne die Farben auf und gibt sie an eine auswechselbare Musterwalze aus Weich-PVC weiter. Das Abrollen dieser 18 Zentimeter breiten Musterwalze läßt sich für Einzelmotive durch eine Einstellautomatik auf exakt eine Umdrehung begrenzen.

An den Rändern beginnend, wird nun die offene Fläche mit der jeweiligen farbigen Putzmischung gefüllt. Dabei ist darauf zu achten, daß weiße und farbige Putzschicht gleich stark sind. Über Nacht anziehen lassen.

Am nächsten Tag kann man dann mit dem Nagelbrett die Kratzstruktur der Oberfläche herausarbeiten. Dabei geht man über die Farbgrenzen gleichmäßig hinaus, damit die Oberfläche dieselbe Struktur erhält.

Aus der dreifach unterteilten Wanne können mehrere Farben gleichzeitig auf eine Moltoprenwalze und von dort aus auf eine Musterwalze gelangen. Die Musterwalzen sind austauschbar und gibt es in einer Vielzahl von Designs.

Dieses Muster wurde schräg abgeklebt, aber senkrecht gerollt. Bei der Vielzahl der Muster ist der Phantasie keine Grenze gesetzt. Beachten sollte man aber immer, daß wenig meist mehr ist.

Für jeden Raum das passende Design kann man mit der Rolle herstellen, weil die Musterauswahl reichhaltig ist.

Durch die Einzelautomatik, die die Rolle nach jeder Umdrehung stoppt, können auch Einzelmotive aufgerollt werden.

Freizeit-Oase Balkon

Balkonien" ist wieder in. Nach einem strapaziösen Arbeitstag zieht es so manchen am Abend zu diesem beschaulichen Plätzchen, wo man in Ruhe und an der frischen Luft Abstand vom Tag gewinnen kann. Meist fehlt in den Abendstunden die Lust, noch einmal hinauszufahren, und so entschließen sich viele zur Naherholung auf dem heimischen Balkon.

Leider sind viele Balkone in alten wie in neuen Häusern wenig ideenreich gestaltet und in tristem Grau gehalten, so daß es schwerfällt, sich diesen Platz als Freizeit-Oase vorzustellen. Mit etwas Geschick läßt sich daraus jedoch ein gemütliches zusätzliches Zimmer für die warme Jahreszeit machen.

Das triste Grau des Zementputzes muß als erstes verschwinden. Wer in einem Mietshaus wohnt, muß allerdings daran denken, den Hausherren zu fragen, ob der Balkon oberhalb der Brüstung farbig gestrichen werden darf. Wenn diese Hürde genommen ist, geht es an die Farbwahl. Im Falle unseres Beispiels sollte der Balkonboden mit kräftig braun-roten Manoir-Fliesen von Villeroy und Boch belegt werden, zu denen ein kräftiges, ins Oliv gehendes Grün als Wandfarbe recht gut aussieht. Wir entschieden uns für den Ton Olive 1 von Alpinacolor, der sich durch Kombination von ganzen Packungsgrößen problemlos mischen läßt.

Bevor die Wand zweimal farbig gestrichen wird, sollte man sandenden Putz auf jeden Fall mit Dupa-Grund vorbehandeln. Das Grundiermittel wird unter Zusatz von 10 bis 20 Volumen-Prozent Nitro-Verdünnung oder Brennspiritus mit einer Deckenbürste aufgetragen. Für den ersten Farbanstrich verdünnt man mit etwa 10 Prozent Wasser, der Zweitanstrich wird unverdünnt aufgerollt.

Sind die Wände gestrichen, kommt der Balkonboden dran, den man ebenfalls streichen könnte; die elegantere Lösung

Zuerst werden Wandschäden und Putzrisse mit Außenspachtel behoben. Es empfiehlt sich, Risse vor dem Auffüllen mit einem Malerspachtel auszukratzen und etwas zu erweitern.

Damit der Wandanstrich einen festen und tragfähigen Untergrund findet, wird der Putz mit Dupa-Grund vorbehandelt. Die lösungsmittelhaltige Grundierung dringt in den Putz ein und festigt auch Alt-Anstriche.

ist es aber, ihn mit dekorativen unglasierten Steinzeugfliesen zu belegen. Sie sind durch ihre dichtgebrannten Scheren frostfest und somit für den Balkon geeignet. Die Kombination quadratischer Platten und Spitzriemchen ergibt ein interessantes Verlegemuster. Zum Verkleben nimmt man ebenfalls einen frostfesten Kleber. Je weiter die Arbeit fortschreitet, desto mehr fallen die noch nicht behandelten Teile auf. Mit Pinsel und Lacktopf läßt sich diese Diskrepanz jedoch schnell beseitigen. Zuerst wird der Fensterrahmen angeschliffen und seidenglänzend grün gestrichen. Auf die gleiche Art wird auch die hölzerne Balkonverkleidung aufgemöbelt. Die PVC-Rolläden vor dem Balkonfenster erhalten durch einen zweifachen Disbocolor-Auftrag einen leuchtendweißen Anstrich. Damit Farbspritzer auf den bereits gestrichenen Flächen oder gar den Bodenfliesen keinen Schaden anrichten können, wird die nähere Umgebung der zu streichenden Teile sorgfältig mit Packpapier abgedeckt, das man mit Tesakrepp fixiert.

Die Wandfarbe wird zweimal aufgetragen. Für den ersten Anstrich verdünnt man sie mit etwa zehn Prozent Wasser, der zweite Anstrich wird dann unverdünnt mit der Rolle aufgetragen.

Auch beim Boden müssen Risse und grobe Ausbruchstellen vor dem Verlegen der Fliesen ausgebessert werden; kleine Unebenheiten können mit dem Fliesenmörtel ausgeglichen werden.

Der Fliesenmörtel wird etwa drei Millimeter dick in Teilflächen von rund einem Quadratmeter aufgetragen. Dann drückt man die Fliesen sorgfältig in das Bett. Abstandhalter sorgen für ein gleichmäßiges Fugenbild.

Mit einem Gummiwischer wird Fugenweiß, das man durch Zugabe von Umbra-Zementfarbe abtönt, in die Fugen gedrückt. Bei der relativ großen Fläche empfiehlt es sich, den Gummiwischer an einem langen Stil zu befestigen.

Das verwitterte hölzerne Balkongeländer wird nach gründlichem Überschleifen mit Disbocolor gestrichen. Auch hier wird beim ersten Anstrich die Farbe verdünnt, damit sie besser ins Holz eindringen kann

Auch die unansehnlichen PVC-Rolläden erhalten einen neuen Anstrich, ebenso wie die Blumenkästen. Disbocolor kann man dafür verwenden, weil diese Farbe auf Holz, Metall, Putz und eben auch auf PVC hält.

Terrasse sanieren

Feuchtigkeit und Frost: Kommen diese beiden Faktoren zusammen, sind ungeschützte Balkons und Terrassen in Gefahr. Kann nämlich Feuchtigkeit durch Fugen und Ritzen eindringen und die Bausubstanz durchnässen, so setzt der erste Frost ein unaufhaltsames Zerstörungswerk in Gang.

Wie wir alle im Physikunterricht gelernt haben, dehnt sich Wasser aus, wenn es gefriert. Bei diesem Vorgang werden Kräfte frei, denen kein Fliesenbelag, kein Estrich und kein Putz gewachsen ist. Es entstehen weitere Ritzen und Haarrisse: neue Schlupflöcher fürs Wasser. Beim nächsten Frost gibt es dann vielleicht schon die ersten Abplatzungen. Und spätestens nach ein paar Jahren sieht der Balkon oder die Terrasse unansehnlich und verwahrlost aus. Wenn dann die Betonfarbe vom Boden abblättert oder der Putz der gemauerten Brüstung sich in großen Scheiben vom Untergrund löst, dann hilft nur noch eine Sanierung von Grund auf. Ausbesserungen haben jetzt keinen Sinn mehr.

An unserer Musterterrasse mußte zuerst die Bodenfläche von der abblätternden Betonfarbe befreit und gründlich gereinigt werden. Der Verputz der Brüstung wurde, soweit er nicht noch fest mit dem Mauerwerk verbunden war, heruntergeschlagen. Mit Putz- und Mauermörtel von quick-mix, der als fertige Trockenmischung zu kaufen ist, wurde dann ein neuer Putz auf die Brüstung aufgezogen.

Die alte Abdeckung aus Zinkblech hatte die Mauerkrone nur unzureichend geschützt. Da keine Tropfkanten vorhanden waren, hatte ablaufendes Regenwasser ständig zwischen Putz und Mauerwerk eindringen können. Die allmähliche Zerstörung war daher vorprogrammiert. Hier gibt es inzwischen bessere Lösungen. So bietet zum Beispiel die Firma Weserwaben eine Mauerabdeckung aus Betonformsteinen an, bei der das Regenwasser

Bei diesem trostlosen Anblick macht das Sonnenbaden keinen Spaß mehr. Die Betonfarbe ist vom Boden abgeplatzt, der Putz von der Umfassungsmauer hat sich in großen Platten vom Untergrund abgelöst Die Musterterrasse ist ein typischer Sanierungsfall.

über spezielle Abtropfkanten sicher abgeleitet wird. Das Mauerwerk bleibt daher dauerhaft trocken.
Der Betonboden wurde mit einem dünnen Estrich aus kunststoffvergütetem Reparaturmörtel beschichtet. Das Material trägt man erst stark verdünnt als Haftbrücke auf. Einen Tag später kann man ihn dann in der gewünschten Schichtstärke mit Ablaufgefälle aufziehen.
Zuletzt geht es an das Verlegen der Fliesen. Hier muß man besonders darauf achten, eine absolut frostfeste Fliese zu kaufen; auch die Abriebklasse muß dem Verwendungszweck entsprechen. Da der Untergrund nicht vollkommen eben war, wurde mit einem sogenannten Mittelbettmörtel gearbeitet, der kleine Unregelmäßigkeiten ausgleicht, aber die Vorteile des Dünnbett-Klebens bietet.
Parallel zur Hauswand wird die erste Schnur gespannt. Von dort aus auf beiden Seiten den rechten Winkel entlang der Seitenwand anlegen. Nun kann man U-förmig die ersten drei Fliesenreihen kleben und an der Außenseite durch eine weitere Reihe zum Rechteck schließen. Jetzt wird dieses Feld Reihe für Reihe gefüllt. Die Randplatten müssen schließlich paßgenau zugeschnitten werden. Den Fliesenkleber läßt man eine Nacht lang abbinden; am nächsten Tag kann man die Fläche verfugen und abschließend reinigen.

Nachdem der lose Putz abgeschlagen ist, wird der als Fertigmischung erhältliche Putz- und Mauermörtel mit der Kelle an das gut vorgenäßte Mauerwerk angeworfen und mit der Glättkelle grob geebnet.

Mit einer speziellen Alu-Schiene läßt sich der frische Putz in größeren Abschnitten glätten und ausgleichen. Dabei immer frisch in frisch arbeiten. Am Schluß folgen die Feinarbeiten mit dem angefeuchteten Schwammbrett.

Eine perfekte Lösung: Vorgefertigte Abdecksteine aus Beton, die für jede Mauerdicke passen, verhindern mit speziellen Abtropf-Kanten, daß Wasser in die Mauerkrone eindringen kann.

Nachdem verdünnter Reparaturmörtel auf den Boden aufgebracht wurde, kann man am nächsten Tag normal angemischten Mörtel als dünnen Estrich mit leichtem Gefälle aufbringen.

An der Hausseite spannt man eine Schnur und verlegt dann die Fliesen Reihe für Reihe nach außen. Dabei verwendet man zum Ausgleich kleiner Unebenheiten sogenannten Mittelbett-Mörtel.

Nachdem die Fliesen verfugt sind, kann die Grobreinigung erfolgen. Dafür eignen sich Sägespäne sehr gut, die man verteilt und dann wieder aufkehrt. Zum Schluß mit Schwamm und viel Wasser reinigen.

Elegante Garderobe

In vielen Ein- und Zweifamilienhäusern nimmt das Treppenhaus einen respektablen Teil der Grundfläche ein, ohne daß man etwas davon hätte. Heute geht der Trend zu einer weit intensiveren Nutzung des Wohnraums, in den man auch Dielen und Treppenhausteile gerne mit einbezieht. So werden sie zur wohnlichen Verbindung zwischen den einzelnen Teilen des Hauses. Dies hat auch Konsequenzen für die Gestaltung solcher Räumlichkeiten. Wenn dann die Renovierung des Treppenhauses ansteht, empfiehlt es sich daher, auch gleich über eine Umgestaltung dieses bisher ungenutzten Raumes nachzudenken.

In vielen älteren Häusern findet man noch sehr hohe Treppenhäuser. Dies kostet nicht nur teure Heizenergie, sondern sieht auch ausgesprochen ungemütlich aus.

Eine abgehängte Decke kann hier wahre Wunder wirken. Man fertigt sie entweder mit Rigips-Platten bzw. -Kassetten, mit Täfelbrettern bzw. Paneelen, oder, wie in unserem Beispiel, mit lackierten Profilbrettern.

Das Gewicht der abgehängten Decke verlangt nach einer sicheren Verankerung. Die Auswahl der Dübel richtet sich dabei nach dem Deckenbaustoff. Bei Betondecken haben sich zum Beispiel Fischer-Laschenanker LN8 bewährt, bei anderen Massivdecken ist der Fischer-Dübel SB8/8 eine zuverlässige Lösung. Er wird mit einer verzinkten Langloch-Blattschraube zum Befestigen der Anhänger geliefert. Die Unterkonstruktion aus Latten befestigt man mit sogenannten Nonius-Anhängern, die millimetergenau einstellbar sind und so Unebenheiten der Decke ausgleichen.

Bevor man die Tragekonstruktion verkleidet, werden eventuell notwendige Zuleitungen für die einzubauenden Strahler verlegt. Wird eine Wärmedämmung gewünscht, so ist dies der Zeitpunkt,

Die vorgesehene abgehängte Decke erfordert eine solide Verankerung. Die Nonius-Aufhänger gleichen eventuelle Ungleichmäßigkeiten bei der Decke aus.

Die vorgestrichenen und bereits einmal lackierten Profilbretter werden unter der Lattenkonstruktion angetackert. Man kann für die Verkleidung aber auch Rigips-Platten oder -Kassetten verwenden.

z.B. Rockwool-Steinwollplatten RP III für diesen Zweck aufzubringen.

Wer die Profilbretter bereits vor der Montage streicht, vermeidet später „Blitzer“, wenn das Holz arbeitet. In unserem Beispiel wurden die zugeschnittenen Profilbretter mit einer Mischung aus Glasurit Seidenstar und dem Additiv VKF grundiert und anschließend mit reinem Seidenstar-Lack gestrichen. Die Montage erfolgte dann mit selbstzentrierenden Montagekrallen von Metabo.

Die Garderobe wurde mit Gasbetonsteinen im Klebeverfahren aufgebaut und anschließend mit Reibeputz dekorativ gestaltet. Für die Wände empfiehlt es sich, eine leicht renovierbare Verkleidung zu wählen. So bietet es sich an, mit Rauhfaser zu tapezieren, die danach mit umweltfreundlichem Capacryl gestrichen wird. Ein farbig abgestufter Streifen in Geländerhöhe betont die Schräge neben der Treppe und verbindet Erd- und Obergeschoß. Abkleben mit Tesakrepp sorgt für randscharfe Streifenkonturen.

Abgerundet wird das Bild durch einen fein gemusterten Teppichboden, der im Erdgeschoß mit Tesafix verlegt und auf der Treppe mit Randamit Teppich- und PVC-Kleber vollflächig verklebt wird. Die Trittkanten der Stufen schützen mit Pattex aufgeklebte PVC-Profile.

Die Garderobe wird aus Gasbetonsteinen verklebt. Anschließend kommt auf die geglättete Oberfläche lösungsmittelfreier Tiefgrund. Danach kann man Reibeputz aufbringen, dessen körnige Bestandteile eine dekorative Struktur geben.

Als Wandbekleidung ist eine Rauhfasertapete ideal. Sie wird, nachdem sie gut durchgetrocknet ist, mit hochglänzendem Capacryl-Lack gestrichen, der auf stark strukturierter Tapete besonders elegant wirkt.

Die farbig abgesetzte Wanddekoration betont die Schräge der Treppe. Um eine einwandfreie Optik zu erzielen, muß man darauf achten, beim Abkleben ganz exakt zu arbeiten.

Die Tür neben der Garderobe wird zum großen Spiegel. Das auf Maß bestellte Glas, das gegebenenfalls bereits mit Bohrungen für Türgriff und Schlüssel versehen ist, wird mit Montageband auf das Türblatt geklebt.

Auch für den Fußboden ist eine Verschönerung geplant. Ein dekorativ gemusterter Teppichboden wird entlang dem Wandverlauf mit Tesafix-Streifen auf den staubfreien Untergrund geklebt und gut angerieben.

Die Stufenbeläge werden am besten nach einer Karton- oder Hartfaserschablone zugeschnitten. Zur Fixierung des Teppichs wird Teppich- und PVC-Kleber verwendet. PVC-Profile schützen die Stufenkanten.

Der Flur wird größer

Man möchte nicht glauben, was man mit Farben, Fliesen und ein paar Einfällen alles erreichen kann. Dieser Flur war vorher ein düsterer langer Schlauch, von dem links und rechts die Türen abgehen und in dem es schon problematisch war, eine Garderobe halbwegs attraktiv aufzustellen. Der ungünstige Grundriß wurde zum einen durch Türumbauten unterteilt, zum anderen durch eine breitenbetonte Boden- und Deckengestaltung wirkungsvoll korrigiert. Bewußt starke Farbkontraste setzten die architektonischen Elemente dann noch gekonnt in Szene.

Sämtliche Einbauteile entstanden aus einer Dachlatten-Konstruktion, die mit Rigips-Platten verkleidet wurde. Die Türumbauten erhielten anschließend noch Fliesen, die im Dünnbettverfahren verklebt wurden. Die Wände wurden mit weißer Prägetapete tapeziert, die Decke im Kontrast dazu mit Rauhfaser, die einen glänzenden roten Lacküberzug erhielt. Die Türen wurden ebenfalls mit einer Prägetapete kaschiert. Hierbei arbeitet man mit einem Tapetenwischer statt der Bürste. Ein leuchtendblauer Anstrich mit wasserhaltigem Acryllack steigert die effektvolle Wirkung noch zusätzlich. Für die optische Verkürzung der Diele sorgen Bänder aus lichtgrauen Home-Ceram-Fliesen zwischen den Türen, die zusammen mit dem farbkräftigen Teppichboden einen starken Kontrast bilden.

Eine feine Sache ist das Regal mit den Glasböden, das zwischen den beiden Türumbauten entstand. Die Aufhängung der Regalböden wurde ganz einfach gelöst: In den gewünschten Abständen läßt man einige Fliesenfugen offen, in die man die Böden einfach einschiebt. Die Glasscheiben müssen Sie allerdings vom Glaser maßgenau zuschneiden und die Kanten schleifen lassen. Im Regal finden dann praktische Dinge wie Schals, Hand-

Wie üblich, geht dem Umbau eine exakte Planung voraus, die hilft, Fehler zu vermeiden. Sämtliche Änderungen des Grundrisses markiert man dann laut Zeichnung auf dem Boden.

Die Decken-Unterkonstruktion wird aus 3 x 5 Zentimeter starken Dachlatten vorgefertigt und anschließend im Durchsteckverfahren mit Rahmendübeln an der Decke fixiert.

Die Ständerhölzer für die Türumbauten bestehen aus Leistenabschnitten, die am Fußboden verdübelt werden und so der ganzen Konstruktion Halt geben.

Hier werden die Ständerhölzer verschraubt. Sie finden an entsprechenden Leisten unterhalb der Deckeneinfassung Halt.

Anschließend werden Türumbauten und Deckeneinfassung verkleidet. Dafür verwendet man Rigips-Streifen und zum Befestigen Schnellbauschrauben.

Ist das Rahmenwerk völlig verkleidet, werden Plattenstöße und Schraubstellen verspachtelt und anschließend geschliffen.

Sämtliche Flächen müssen mit Tiefgrund behandelt werden. Danach erhalten die Türumbauten Fliesen, die man im Dünnbettverfahren verklebt.

Beim Verlegen der Fliesen sorgen Fliesenkreuze aus Plastik dafür, daß sich ein ebenmäßiges Bild ergibt. Einzelne Dekorplatten setzen Akzente.

Zum Verfugen nimmt man einen Fugenmörtel, der farblich zu den lichtgrauen Home-Ceram-Fliesen paßt. Dafür verwendet man am besten einen Fugengummi.

Die Wände werden mit weißer Prägetapete tapeziert, die Decke im Gegensatz dazu mit Rauhfaser, die einen glänzenden roten Acryllack-Anstrich erhält.

Ebenfalls mit Prägetapete kaschiert werden die Türblätter. Hier arbeitet man nicht mit der Bürste, sondern besser mit einem Tapetenwischer.

Ein leuchtendblauer Anstrich mit wasserhaltigem Acryllack für die Türen steigert die effektvolle Wirkung der Farben noch erheblich.

Fliesenbänder zwischen den Türen verkürzen optisch den langen Flur. Dafür werden Messingschienen auf den Boden geklebt, und anschließend ...

. . . wird Fliese für Fliese in das frische Kleberbett verlegt. Die Felder dazwischen kleidet man mit Teppichboden aus. Er wird nach dem Einpassen mit Klebeband fixiert.

schuhe und Mützen, aber auch dekorative Stücke ein Plätzchen.
Dafür, daß diese – wie auch das ganze Entree – ins rechte Licht gerückt werden, sorgen viele kleine Halogen-Spots. Sie geben dezentes Licht und lassen so den ganzen Raum größer erscheinen. Und weil man sich in einem so dekorativen Wohnungsteil auch gern einmal länger aufhält, wurde für die kalte Jahreszeit ein Direkt-Heizgerät an die Wand gehängt, das für ein angenehmes Raumklima sorgt.

Ein besonderer Clou ist das Regal aus Glasplatten. Sie werden einfach in Fugen eingeschoben, die man beim Legen der Fliesen als Auflage frei gelassen hat. Hier finden Dekostücke, aber auch praktische Dinge ihren Platz.

Farbenfroher Flur

Viele Wohnungen besitzen statt einer ansehnlichen Diele nur einen langen schmalen Eingangsflur, der sich weder vernünftig möblieren läßt noch der Wohnung ein akzeptables Entree verleiht. Wenn dann die Zeit der Renovierung dieses „Schlauches" ansteht, sollte man gleich die Gelegenheit beim Schopfe packen und etwas Vernünftiges daraus machen. Denn mit ein paar Ideen, Mut zur Farbe und etwas handwerklichem Geschick kann man dem Flur durchaus ein schönes Gesicht verleihen, wie unser Beispiel auf der voraufgehenden Seite beweist. Der „himmelhohe" Altbauflur wurde als erstes mit einer abgehängten Stufendecke niedriger und interessanter gemacht. Platz für das Telefon und die Garderobe wurde hinter einer Trennwand – ebenfalls aus Gipskarton – geschaffen. Dadurch, daß der Flur optisch an Länge verloren hat, und nicht zuletzt durch die fröhlichen Farben wirkt das Ganze jetzt wohnlicher als zuvor. Wichtig ist, daß man vor Arbeitsbeginn eine genaue Zeichnung anfertigt; das erleichtert auch die Berechnung des Materialbedarfs erheblich.

Beim Abhängen der Decke geht man stufenweise vor: Für die Unterkonstruktion werden Leistenwinkel mit Einschlagankern an der Decke fixiert. Gegen diese schrauben Sie – zur späteren Befestigung der Verkleidung – 3 mal 5 Zentimeter starke Leisten.

Telefonplatz und Garderobenstange sind hinter einer gefliesten Wand untergebracht.

Mit Leistenwinkeln wird die abgehängte Decke befestigt. Für eine sichere Fixierung sorgen Einschlaganker, die mit einer geringen Bohrtiefe auskommen.

Vor der Montage der Rigips-Streifen müssen 3 x 5 Zentimeter starke Leisten gegen die Leistenwinkel geschraubt werden, die dann schon die künftige Form der Decke erkennen lassen.

Die 12,5 Millimeter starke Rigips-Platte läßt sich leicht kantensauber trennen. Nach kräftigem Anritzen bricht man sie über eine gerade Kante.

Die Unterkonstruktion wird mit Dämmplatten, wie zum Beispiel Rockwool RP III, ausgefacht. Anschließend kann man sie mit den Gipskartonstreifen verkleiden.

Beim Verkleiden der Stufen darf man nicht vergessen, die Leitungen jeweils einzubringen und die Löcher für die Halogen-Strahler zu bohren. Am besten eignet sich dafür eine Lochsäge.

Ist die Decke komplett verkleidet, werden Stöße und Schraubstellen verspachtelt. Traufel und Steilspachtel leisten bei dieser Arbeit gute Dienste.

Mehrmals wird gespachtelt und zwischengeschliffen; dann kann man ans Tapezieren gehen. Die Rauhfaser wird in den Ecken am Tapetenlineal sauber abgerissen.

Die spätere Garderoben-Rückwand verkleidet man mit schlanken graugrundigen Home-Ceram-Fliesen, die im Dünnbettverfahren verklebt werden können.

Beplankt wird mit einer Gipskartonplatte, die man nur anzuritzen braucht, um sie dann millimetergenau brechen zu können. Zur Verbesserung von Wärmedämmung und Schallschutz facht man die Unterkonstruktion schrittweise mit Dämmplatten aus. Immer wenn die vorhergehende Stufe gedämmt ist, können Sie die Unterseite der nächsten verkleiden. Ebenso stufenweise verlegen Sie die Leitungen für die Halogenstrahler und bohren die Montagelöcher dafür mit der Lochsäge.

Ist die ganze Decke verkleidet, werden Stöße und Schraubstellen verspachtelt. Anschließend wird geschliffen, bevor die Flächen lösungsmittelfrei grundiert werden. Die Decke tapeziert man am besten mit Rauhfaser.

Die Garderoben-Rückwand wird zuerst mit schlanken graugrundigen Home-Ceram-Fliesen beklebt. Auf den Boden kommen quadratische Steinzeugfliesen. Dabei geht man von der Raummitte aus, damit die passend zurechtgeschnittenen Fliesenteile unauffälliger an den Rändern plaziert werden können.

Für die Garderoben-Trennwand dübelt man oben wie unten eine Leiste an, die später die Nut der Wand aufnimmt. Danach kann die vorgefertigte Wand in ihre Position geschoben werden. Auch die Garderobenwand wird mit Fliesen beklebt. Hier bietet es sich an, Dekorfliesen zu benutzen, die den Raum beleben. Anschließend mit farbigem Fugenmörtel (zum Beispiel „Fugenbunt") verfüllen. Die Türen erhalten einen dreifarbigen Anstrich. Dafür verwendet man am besten Acryllack. Saubere Ränder ergibt es, wenn man exakt mit schwach gekrepptem Tesaband abklebt. Schließlich kann man noch schöne Farbakzente setzen, indem man türkis lackierte Zierleisten an Trennwand und Türrahmen befestigt. Auch die Fußbodenleisten werden in derselben Farbe gestrichen.

Der Fußboden wird mit quadratischen Steinzeugfliesen belegt. Dabei arbeitet man von der Mitte aus und verlegt die Zuschnitte am Ende entlang den Wänden.

Eine Leiste wird auf den Fußboden gedübelt. Sie dient zur Befestigung der Garderoben-Trennwand; ebenso verfährt man an der Decke. Die Wand selbst hat oben und unten eine Nut.

Die Garderoben-Trennwand wird anschließend über die Leisten geschoben und befestigt. Dann kann man auch diese Wand mit Fliesen bekleben. Dafür empfehlen sich Dekorfliesen, die die Fläche beleben.

Nach dem Verfugen streicht man noch die Türen dreifarbig mit Acryllack. Mit schwach gekrepptem Tesaband gut abkleben. Türkis lackierte Zierleisten an Trennwand, Türrahmen und Fußleisten, die man aufklebt, geben dem Ganzen noch einen kräftigen Farbakzent.

Eine strahlende Lösung

Wohnungen in Altbauten werden immer beliebter. Schon seit langem gilt es absolut nicht mehr als rückständig oder gar primitiv, in einem Haus aus den Gründerjahren zu wohnen.
So geräumig es sich dort leben läßt, so deutlich werden auch die hohen Räume an der Heizkostenrechnung abzulesen sein, denn sie schlucken jede Menge Wärme. Hinzu kommt, daß die hohen Decken nur selten wirksam gegen Schall isoliert sind. Als Rundum-Lösung bietet sich hier eine abgehängte Decke an, die den Raum nicht nur niedriger macht, sondern die obendrein auch noch wärme- und schalldämmend wirkt. Mit einem tiefer liegenden Deckenkranz samt Lampen kann dieser Umbau zur strahlenden Lösung werden. Zunächst muß der Raum genau vermessen und eine Skizze angefertigt werden. Dies ist notwendig, weil Decken und Wände in Altbauten nur selten winklig und gerade verlaufen. Auf der Skizze wird die Unterkonstruktion aus sechs mal vier Zentimeter dicken Hölzern eingezeichnet. Der Abstand zwischen diesen Hölzern sollte dabei nicht weiter als 80 Zentimeter sein. Die Anordnung der Hölzer wird dann mittels Schlagschnur auf die Zimmerdecke übertragen. Anschließend kann man die Laschenanker wechselweise neben der einen und der anderen Linie im 90-Zentimeter-Abstand anbringen.
An den verstellbaren Abhänger-Profilen schrauben Sie nun die aufrechthängende Grundlattung an. Dabei ist natürlich der Höhenunterschied von etwa 20 bis 30 Zentimetern zwischen Außenkranz und Mittelteil zu berücksichtigen. Sind diese ersten Hölzer waagerecht ausgerichtet, kann die Traglattung aus drei mal fünf Zentimeter dicken Latten untergeschraubt werden. Achten Sie auf einen Mittenabstand von 50 Zentimetern, damit die im Trockenausbau allgemein verwendeten Ein-Mann-Platten (150 x 100 x

Der Aufbau dieser Decke garantiert eine hohe Wärme- und Schallisolierung. Wollen Sie eine besonders hohe Schalldämmung erreichen, so können Sie die vier Zentimeter dicke Steinwolle auch doppellagig im Versatz auflegen. Ringsum an den Wänden sorgt eine zwei Zentimeter breite Schattenfuge dafür, daß keine Schallbrücken entstehen können.

1 cm) aus Gipskarton oder Gipsfaser optimal anliegen können.
Als Dämmung reicht vier Zentimeter dicke Steinwolle aus, die für besonders hohe Schallisolierung auch doppellagig verlegt werden kann. Die Isolierung muß im Gegensatz zur Lattung und Deckenverkleidung an den Wänden anliegen und auch noch eine Handbreit hochlaufen. Gleichzeitig mit der Dämmung müssen die Leitungen zu den Deckenstrahlern fachgerecht verlegt werden.
Die Platten schrauben Sie abwechselnd längs und quer, um Kreuzfugen zu vermeiden. Denken Sie beim Verkleiden auch an die Aussparungen für die Leuchten! Nach dem Spachteln und Schleifen kann tapeziert und anschließend gestrichen werden. Am besten sieht es aus, wenn sich der Deckenkranz als strahlende Lösung vom dunklen Deckenspiegel abhebt. Wählen Sie daher für Blende und Spiegel einen kräftigeren Farbton als für den Kranz. Und falls Sie zum Schluß nicht auch noch gleich einen neuen Teppichboden verlegen wollen, sollten die Farben der Decke in der Dekoration zu finden sein.

Der Verlauf der Hölzer der Unterkonstruktion wird mit der Schlagschnur auf die Zimmerdecke übertragen. Anschließend werden die Laschenanker versetzt angebracht, um ein Kippen der Grundlattung zu verhindern.

Nachdem die Hölzer aufrecht an die Abhänger angeschraubt sind, kann die Unterkonstruktion ausgerichtet werden. Hierbei muß auf besondere Genauigkeit geachtet werden. Anschließend kommt die Traglattung an die Reihe.

Beim Anbringen der Traglattung ist darauf zu achten, daß die Schrauben in den Hölzern versenkt werden, damit später die Verkleidung aus Gipskarton glatt anliegt.

Anschließend wird die vier Zentimeter dicke Steinwolle aufgelegt. Zugleich werden die Zuleitungen für die Deckenstrahler fachgerecht verlegt.

Der Deckenspiegel wird als erstes verkleidet. Beim Anbringen der Platten hilft Ihnen eine selbstgebaute Stütze, die Ihnen das lästige Andrücken abnimmt.

Zum Schluß wird nach dem Tapezieren die abgehängte Decke gestrichen. Nehmen Sie für Blende und Spiegel eine dunklere Farbe als für den Deckenkranz.

Wohnen, wo man kocht

Groß und hoch hat man gebaut in der „guten alten Zeit“, als die „besseren Herrschaften“ noch Personal hatten und ein Haushalt oft zehn bis zwölf Personen umfaßte. Da stand dann in der Mitte der Küche ein riesiger Arbeitstisch, an dem das Essen für die Großfamilie vorbereitet wurde. Groß und hoch sind sie noch heute, die Altbauküchen, aber die richtige Gemütlichkeit will sich beim Essen einfach nicht einstellen. Der kleine Eßtisch des Zwei-Personen-Haushalts wirkt wie verloren in dem hohen, offenen Raum. Nur zum Kochen ist die Höhe wie geschaffen, daher kommt für eine richtige Hausfrau eine durchgehend abgehängte Decke nicht in Frage. Was also tun, wenn die Küche doch der einzige Platz für den Eßtisch ist? Die Lösung könnte sein, das eine zu tun und das andere nicht zu lassen. Fifty-fifty also den Raum teilen. Aber wie?

Zunächst wurde genau ausgemessen, wieviel Platz im Kochbereich wirklich gebraucht wird. Für den restlichen Raum wurde ein zwanzig Zentimeter hohes Podest aus Spanplatten gebaut, das – mit Teppichboden verkleidet – die optische Trennung der beiden Funktionsbereiche bewirkt. Ab derselben Trennungslinie wurde auch die Decke abgehängt und dunkler gestrichen, so daß der Eßraum jetzt zwar weniger geräumig, dafür aber erheblich gemütlicher wirkt. Da ein derartiger Umbau sowieso Schmutz und Arbeit macht, empfiehlt es sich, in diesem Zusammenhang gleich eine Totalrenovierung vorzunehmen und die Küche nach eigenen Vorstellungen auch farblich komplett neu zu gestalten.

Zuerst wird die abgehängte Decke gebaut. Dafür schraubt man auf eine Latten-Unterkonstruktion versetzt Gipskartonplatten, deren Fugen sorgfältig gespachtelt und geschliffen werden, damit sie später nicht durch die Tapete scheinen. Die

Die Altbauküche im neuen Kleid: Das Fliesenmuster des Bodens setzt sich auf der Arbeitsfläche fort. Die Farben sind hell und freundlich.

Wände werden anschließend zusammen mit der abgehängten Decke tapeziert und mit Dispersionsfarbe gestrichen.
Auch dem Boden sollte man einige Aufmerksamkeit schenken. Häufig liegt in den Altbauten noch ein alter Linoleumboden, den man durch helle Fliesen ersetzen kann. Mit verschiedenen Fugenfarben kann man dabei ganz eigene Effekte erzielen und die Küche reizvoll gestalten.
Den letzten optischen Pfiff gibt eine neue Lackierung der Küchenmöbel mit hellen, freundlichen Farben. Dieses fröhliche Gesicht von Wänden und Schränken unterstreicht nicht nur die Trennung vom dunkleren Eßbereich, sondern fängt auch durch seine Wirkung den Raumverlust in der Küche optisch auf. Trotz der zwei unterschiedlichen Fliesenmuster bietet die neue Küche durch die Farbauswahl ein einheitliches und immer wieder einladendes Bild.

Nach der Konstruktion der abgehängten Decke im Eßbereich und sorgfältigem Verfugen und Schleifen der Gipskartonplatten kann die Küche tapeziert werden.

Der alte Linoleumboden wurde herausgerissen und durch schönere sowie praktischere Fliesen ersetzt. Mit verschiedenen Fugenfarben kann man ganz eigene Effekte erzielen.

Der Spritzbereich über der Arbeitsfläche im Kochbereich wird ebenfalls gefliest. Dabei ist es absolut nicht nötig, dasselbe Fliesenmuster zu verwenden wie am Boden.

Die Küchenmöbel, die mit ihren Kunststofftüren ein steriles Bild boten, werden lackiert und mit passenden Leisten sowie neuen Beschlägen verziert.

Die Eßecke steht auf einem erhöhten Podest, das aus 19 Millimeter starken Spanplatten gebaut wird. Dabei ist darauf zu achten, daß es fest am Boden verankert ist, damit es nicht wandern kann.

Zum Schluß werden alle Teile des Teppichbodens für die Eßecke ganz präzise zugeschnitten. Nachdem der Kleber auf dem Boden mit Zahnspachtel aufgetragen wurde, kann der Belag verklebt werden.

Ein Traum von Bad

Dunkelbraune oder weiße Fliesen aus der Wirtschaftswunderzeit, ein Waschbecken, das auch schon bessere Tage erlebt hat, und eine Wanne, an der seit Jahren die Emaille abgeplatzt ist – so sieht es meist aus im durchschnittlich sechs Quadratmeter großen deutschen Einheitsbad. Die elegante Atmosphäre und funktionale Ausstattung aus Wohnzeitschriften kommt nur in Träumen vor. Trotzdem lehnen die meisten Hausfrauen die gründliche Renovierung ihres Bades kategorisch ab. Ihre Horrorvorstellung heißt: wochenlang kein warmes Bad, und das ganze Haus voller Dreck.
Schutt und Zeit, die bisher größten Hemmschwellen bei der Badsanierung, sind unter der sachkundigen Anleitung des Handwerkers schnell vergessen, denn ganz ohne dessen fachkundige Hilfe geht es in den meisten Fällen denn doch nicht. Im Idealfall wird der Handwerker zuerst die Wünsche des Bauherren bezüglich der Raumaufteilung und -ausstattung erfragen. Die werden in einen Grundriß und vor allem in wirklichkeitsnahe perspektivische Zeichnungen umgesetzt. Der Feinabstimmung folgt die Stückliste für die Materialbestellung. Ein Rohrnetzplan für die Installation von Wasserzu- und -ableitungen sowie für die Verlegung der Heizkörper ist ebenfalls notwendig.
Direkt nach dem Ausbau der alten Sanitärkörper und Armaturen beginnt die eigentliche Renovierung, denn die alten Kacheln können bleiben, wo sie sind, das Aufstemmen von Wänden ist überflüssig. Vor die alte Wand wird ein mit Gipskartonplatten verkleidetes Ständerwerk gesetzt, hinter dem ein Großteil der Installation unsichtbar verschwindet. Vor dem Einreißen der alten Badezimmerwand wird auf den bereits teilweise eingezogenen Spanplattenboden die neue Wand aus Gasbeton-Leichtbausteinen gesetzt. Das verhindert beim Abriß der alten Wand ei-

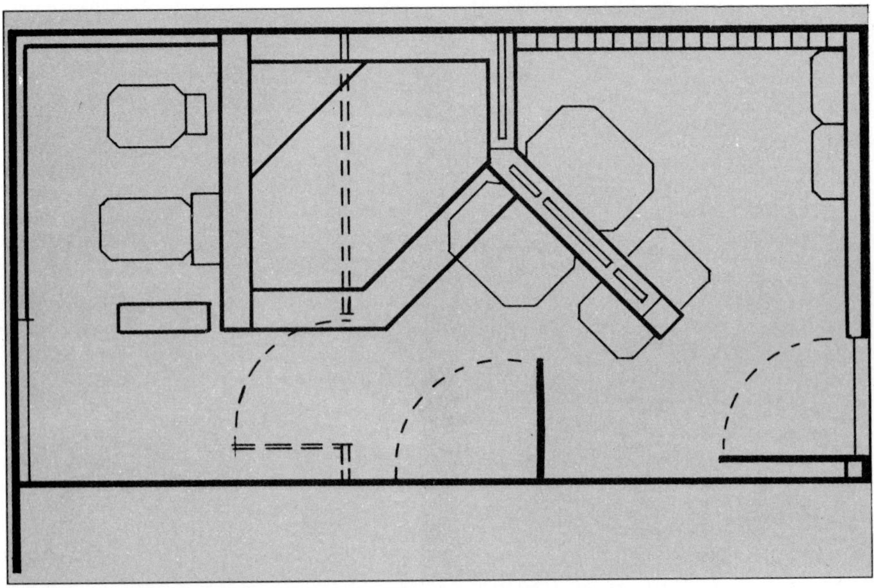

Das neue Bad wurde durch eine Mauer aus Gasbetonsteinen vergrößert. Der vom Fachmann erstellte Plan legt auch gleich die Lage von Sanitär-Objekten und die Position der Heizung fest. Dies ist wichtig, damit die Zu- und Ableitungen richtig verlegt werden können.

ne übermäßige Staubverteilung im ganzen Haus.
Die Wasserzuleitung sowie der Heizungsvor- und -rücklauf werden an das alte Netz über ein neuartiges Preßverbinder-System angeschlossen. Dadurch ist das für den Laien schwierige Löten überflüssig geworden. Mit Hilfe eines Preßwerkzeugs, das der Handwerker oder ein Fachgeschäft dem Heimwerker ausleiht, werden die Verbinder dauerhaft fest auf das Edelstahlrohr gepreßt. Ebenso einfach werden die Guß-Abwasserrohre mit Akorapid-Schellen einfach zusammengefügt.
Mit dem Einsetzen der Wanne in die aus Gasbetonsteinen geformte Nische und dem Einpassen des Handtuchheizkörpers ist die Rohbauphase abgeschlossen, jetzt kann es an die Feinarbeiten gehen. Der Wechsel vom reinen Funktionsraum „Bad als Ort der Reinigung" zum Refugium für Entspannung und Wohlbehagen spielt bei der Einrichtung eine große Rolle. Doch dies erfordert eine ordentliche Portion Fleißarbeit allein für die Kombination von Fliesen, Sanitärkeramik, Badmöbeln, Accessoirs und Armaturen. Der moderne Trend für Badezimmerarmaturen und Anschlüsse heißt „Ton in Ton". Dafür gibt es farblich auf die Armaturen abgestimmte Eckventile, Zuleitungen und Syphons. Ob im Einklang mit der Keramik oder als pfiffiger Kontrast dazu – die Varianten sind sehr zahlreich. Sie lassen sich später hervorragend mit den Trendfarben der Badteppiche, Vorhänge und Frottierwaren kombinieren. All dies ergibt nach Abschluß des Rohbaues das „Gesicht" des Traumbades.
Erster Schritt auf diesem Weg ist das Verlegen der Fliesen. Auch hier gibt der betreuende Handwerker viele wichtige Tips. Zuerst wird geklärt, wo die erste Fliese anzusetzen ist. An der Waschbeckenwand wird mittig vom Abflußrohr nach links oder rechts ins Eck gearbeitet. Dies hat

Aus dem Plan der vorhergehenden Seite ist mit Hilfe des Computers eine dreidimensionale Zeichnung entstanden. So kann der Bauherr die räumlichen Verhältnisse besser beurteilen, was Planungsfehler und spätere Änderungen vermeidet.

optisch den Vorteil, daß die gesamte Sanitäreinrichtung einer Wand in Symmetrie mit dem Fliesenbelag und dem Fugenbild harmonisch übereinstimmt. Dann wird ermittelt, ob die rohen Wände mit Tiefengrund oder einer Kontaktschicht vorbehandelt werden müssen. Außerdem ist die Auswahl des richtigen Klebers wesentlich für eine lange Lebensdauer. Zum Schluß werden die Fugen mit einem passenden Farbmörtel ausgefüllt und die Übergänge zwischen den verschiedenen Untergrund-Materialien dauerelastisch abgespritzt, da es hier sonst unweigerlich zu Rissen kommen würde. Achten Sie darauf, daß im Silikon pilzhemmende Wirkstoffe enthalten sind.

Flexible Schläuche bringen beim Anschließen der Armaturen große Erleichterung, denn das Biegen und Ablängen entfällt. Verwenden Sie jedoch nur Teile, die von der DVGW (Deutsche Vereinigung für Gas und Wasser) zugelassen sind. Die Schläuche dürfen – wie hinter der Wanne möglich – keinen direkten Kontakt mit Betonböden, Zement oder Gips haben. Zwischen dem Wandaustritt der Wasserzuleitung und den Armaturen ist stets ein Sperrventil anzubringen. Dies erleichtert später Reparaturen. Wichtig: Eine farbige Oberfläche ist empfindlicher als Metall. Nur wenn sie pulverbeschichtet ist und nicht lackiert, hält sie dauerhaft.

Beim Anschluß von Waschtisch, WC, Bidet und Badewanne ist der Einbau von Geruchsverschlüssen zwingend vorgeschrieben. Sie sollen mit ihrer Sperrwasserfüllung das Entweichen von Gasen aus der Kanalisation verhindern. Der Verschluß in Röhrenform ist der gebräuchlichste und preiswerteste. Beim Einbau des WC sollten Sie darauf achten, eine moderne, wassersparende Anlage zu kaufen. Dies wird sich bei der Wasserrechnung bezahlt machen und ist zudem umweltfreundlich.

Die alten Fliesen behalten ihren Platz an der Wand, sie verschwinden hinter einem mit Gipskartonplatten verkleideten Ständerwerk.

Mit der Reißverschluß-Rohrisolierung sind die Leitungen dauerhaft gegen sonst unvermeidliche Wärmeverluste oder Schwitzwasserbildung geschützt.

Für Ablageflächen im Bad haben sich Natursteine wie Marmor, Basalt oder Granit bewährt, weil sie glatt und pflegeleicht sind. Nützliche Details sind kleine Ablageschränke aus wasserfestem Material. Bei ausreichendem Stauraum kann auf die obligatorischen Spiegelschränke über den Waschtischen verzichtet werden. Bei unserer Lösung mit den eingepaßten Leuchten wurden zwei schwenkbare Wandspiegel mit Vierkantrohren verschraubt und mit Stuhlwinkeln auf der Marmorablage zwischen den Waschbecken und unter der Decke befestigt.

Der Handtuchheizkörper zwischen Spiegel und Wand hat sowohl Anschlüsse an die übrige Heizverteilung als auch einen zusätzlichen Elektroanschluß. Auch in der Decke befinden sich Spiegelflächen als Stil-Element. Zwischen den Paneelen mit weißer Esche-Struktur sind lose Federn mit Spiegelfolie eingesetzt. So gewinnt der nur rund zwei Meter hohe Raum optisch deutlich mehr Höhe.

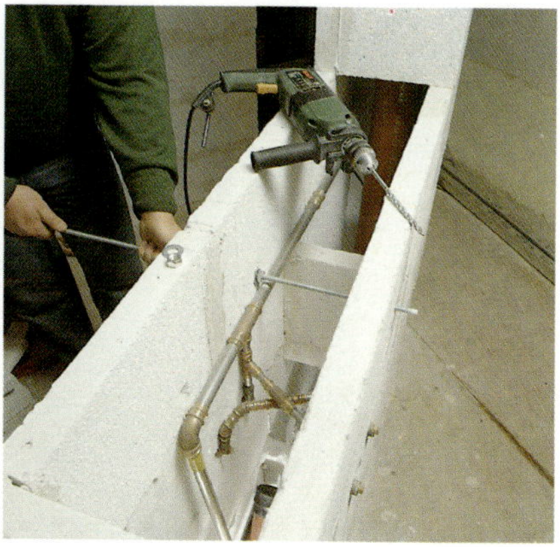

Die halbhohe Wand zwischen den Waschbecken ist hohl. Sie nimmt die Wasserzu- und -ableitungen auf. Zwei Gewindestangen, fest in die Gasbetonsteine eingeklebt, tragen später die Waschbecken.

In der Ecke hinter der Wanne ist eine Revisionsklappe vorgesehen. Das erleichtert später den Zugang bei eventuellen Reparaturen. Zum Anschluß der Armaturen werden geprüfte Flex-Leitungen verwendet.

Die Marmorplatte wird mit Silikon dauerelastisch abgespritzt. Das Rundloch in der Spitze der Eckplatte erleichtert später bei Reparaturen das Herausnehmen.

Um die Ablageplatten zu fixieren, benötigt man einen Spezialkleber. Doch keinesfalls darf der Kleber Flecken im Marmor verursachen. Dies vorher an einer unsichtbaren Stelle prüfen!

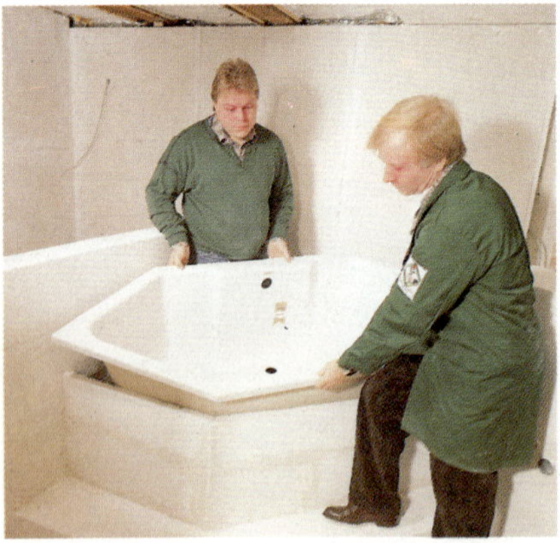

Zum Einsetzen der Wanne auf die vorbereiteten Ständer braucht man unbedingt einen Helfer.

Die Spiegelfedern als optischer Pfiff haben eine Schutzfolie, die bei Transport und Montage vor Kratzern schützt.

Raritäten aufgemöbelt

Schöne alte Stühle sind heutzutage begehrte Sammelobjekte. Hin und wieder lassen sich solche Stücke aus Großmutters guter Stube noch auf verstaubten Dachböden oder auf Flohmärkten finden, doch bedürfen sie dann meist erst einmal einer gründlichen Restaurierung. Für ein neues „Make-up" der Holzoberfläche gibt es in jedem Baumarkt oder Fachgeschäft eine ganze Reihe der unterschiedlichsten Materialien: Wachsstangen in vielen Farben, Retuschierfarben, Holzpasten, Ballenmattierung, Beizen und Stuhllacke.

Haben sich die Verbindungen des Gestells gelockert, sollten die Stühle komplett auseinandergenommen und neu verleimt werden. Vor dem Neuverleimen entfernt man den alten Leim sorgfältig mit dem Stecheisen. Sind Holzteile weggebrochen und verlorengegangen, muß man beim Einpassen neuer Teile darauf achten, daß sie mit der Maserung laufen. Abgebrochene Teile und Ecken werden erst etwas größer angefertigt, dann angeleimt und schließlich mit Raspel und Feile angepaßt. An lockeren Stuhlwinkeln werden die Schrauben wieder festgezogen oder, wenn die Schrauben nicht mehr richtig fassen, neue mit größerem Durchmesser eingedreht.

Ist der Stuhl wieder komplett verleimt, Löcher und Rillen mit dem entsprechenden Holzkitt versehen und mit feiner Stahlwolle bearbeiten. Sind nun noch hellere oder dunklere Stellen sichtbar, so werden sie mit Pinsel und Retuschierfarbe angeglichen. Zum Schluß den Stuhl mit Ballenmattierung bearbeiten, mit feiner Stahlwolle zwischenschleifen und dann bis zum gewünschten Glanz Ballenmattierung auftragen.

Bei abgebrochenen Dübeln wird der alte Leim entfernt und der Dübelrest als Führung stehen gelassen. Zur Stabilisierung setzt man nun zwei neue Dübel ein, die man am besten einleimt.

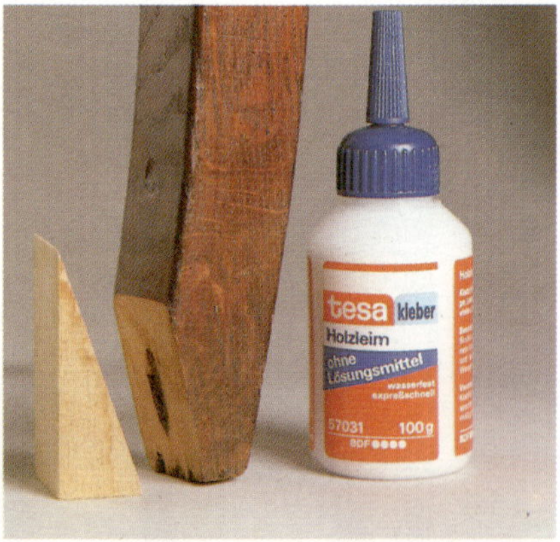

Abgebrochene und verlorengegangene Teile schneidet man etwas größer nach, als sie am Ende werden. Dann paßt man die Leimflächen an und bearbeitet die Stücke mit Feile und Raspel.

Für guten Sitz

Das Handwerk des Polsterers ist ehrbar und hat Tradition. Gespannte Konstruktionen mit Gurten und Federn verlangen solide Kenntnisse und eine Menge Erfahrung. Aber mit den modernen Schaumstoffen kann man auch als Laie schon einiges erreichen.

Für die meisten Heimwerker mag der Umgang mit Textilien ungewohnt sein, aber die Mühe, sich mit diesem Material zu befassen, wird sicher durch das Ergebnis gerechtfertigt werden. Und es wäre doch schade um einen so stilvollen Stuhl, wenn die Polsterung kaputt ist! Mit wenig Aufwand können Sie wieder ein voll gebrauchsfähiges Möbelstück daraus machen. Die Technik, die hier gezeigt wird, läßt sich auch anwenden, wenn andere Möbel neu bezogen werden müssen, ohne daß man deswegen die ganze Unterkonstruktion erneuert.

Für die Polsterung braucht man nicht viel Material. Schaumstoff, Bezugsstoff, Kammzwecken und Ziernägel sind alles. Noch einfacher ist es beim Werkzeug: Hier reichen Hammer und Schere. Falls die Unterkonstruktion der Polsterung nicht mehr in Ordnung sein sollte, benötigt man außerdem eine Sperrholzplatte, die exakt eingepaßt und in den Sitzrahmen wieder eingesetzt wird.

Das wichtigste Werkzeug beim Polstern ist der kleine Klauenhammer. Die runde Hammerbahn erlaubt es, den Stoff so festzuhalten, daß man sich beim Einschlagen der Kammzwecken nicht auf die Finger klopft; mit der Klaue auf der anderen Seite lassen sich Nägel wieder herausziehen. Kammzwecken, auch Blaukappen genannt, sind kleine Drahtstifte mit breitem Kopf, der sich nicht durch den Stoff zieht. Mit ihnen befestigt man Polsterbezüge an unsichtbaren Kanten endgültig, an sichtbaren provisorisch, wie in unserem Falle. Sie halten den Bezug zunächst so in Form, daß er sich beim Einschlagen der Pol-

Nachdem die Unterkonstruktion fertig ist, wird der Schaumstoff zugeschnitten. Er sollte nicht zu weich sein, damit er nicht zusammengesessen wird. Für die Mitte schneidet man extra ein kleines Stück zurecht.

Das kleinere Polsterstück wird auf der Sperrholzplatte mit Sprühkleber fixiert. Das größere Schaumstoffstück braucht nur aufgelegt zu werden. Danach kann man den Bezugsstoff abmessen: ringsum gut zwei Zentimeter zugeben!

sternägel mit Zierkappen aus Messing nicht wieder verziehen kann.
Wenn die Stoffkante nicht, wie bei diesem Stuhl hier, möglichst flach verlaufen soll, kann man ein Kantenband aus Stoff oder ein dickeres beidseitiges Klebeband mit einnageln. Beginnen Sie beim Abheften jeweils in der Mitte und setzen Sie die Kammzwecken jeweils im Abstand von ungefähr 2,5 Zentimetern zu den Ecken hin. Die Ecken werden zuletzt fixiert. Wenn Sie ein Muster mit größeren Motiven wählen, zum Beispiel mit Blumen oder Ornamenten, schneiden Sie den Stoff so zu, daß die Ornamente symmetrisch sind. Die Größe des Bezugsstoffes wird mit dem Maßband über der Polsterschicht gemessen. Über die Nagelreihe hinaus sollte der Stoff an allen Kanten etwa 25 Millimeter überstehen, damit er nicht ausfransen kann.
Beim Einschlagen der Ziernägel muß man aufpassen. Sie sollten in möglichst exakt gleichem Abstand sitzen, damit das Gesamtbild nicht nachhaltig gestört wird. Wenn Sie sich dabei nicht auf ihr Augenmaß verlassen wollen, dann zeichnen Sie sich die Abstände auf einem Papierstreifen auf. Damit das Stuhlpolster schön gewölbt wird, wurde in der Mitte ein zusätzliches Stück Schaumstoff untergelegt und mit Sprühkleber gegen Verrutschen fixiert.

Der Bezugsstoff wird erst hinten, dann vorne angeheftet. Die Kante jeweils unterfalzen, die Schaumstoffpolsterung sollte nicht mit angeheftet werden. Die Kammzwecken werden nicht ganz eingeschlagen, so kann man sie leicht wieder herausziehen.

Damit man den Stoff glatt falten kann, wird er an den Ecken eingeschnitten. Anschließend werden die Seitenränder unterfalzt und geheftet, wie es an der Vorder- und der Hinterseite bereits geschehen ist.

Beim Heften muß man sehr akkurat arbeiten, denn die Heftnaht entscheidet darüber, ob der Stoff auf dem fertigen Polster richtig „sitzt" und nicht Falten ziehen kann.

An den Ecken wird der Polsterstoff angeschnitten und so gefalzt, daß nichts überstehen kann. Dann erst wird der Stoff nochmals glatt gezogen, allerdings nicht gezerrt, damit er glatt sitzt.

Wenn alles richtig paßt, kann man als letztes die vier Ecken heften. Sie werden ebenfalls der Reihe nach mit Kammzwecken auf das Holz geheftet, bevor man mit dem Einschlagen der Ziernägel beginnt.

Vor dem Einschlagen der Ziernägel zieht man die Kammzwecken heraus. Die Nägel müssen sehr akkurat sitzen. Wer sich nicht auf sein Augenmaß verlassen will, der kann sich die Abstände auf einem Papierstreifen aufzeichnen.

Federn im Untergrund

Antiquitäten sind „in“. Jeder Besitzer eines alten Möbelstückes hält es heutzutage in hohen Ehren, Besuchern wird es mehr oder minder stolz vorgeführt. Allerdings sind gut erhaltene Stücke auch selten - und darum bei den Antiquitätenhändlern nur gegen einen tüchtigen Batzen Geld zu erhalten. Auf den Flohmärkten wird inzwischen meist nur noch wertloses Gerümpel für viel Geld angeboten, das eher auf den Sperrmüll als in die gute Stube gehört. Hin und wieder aber kann man dann doch Glück haben und für ein paar Mark noch ein wertvolles Schnäppchen machen. Meist aber verbirgt sich dessen Schönheit unter unmöglichen Farben und Bezügen, so daß sie nicht auf den ersten Blick zu erkennen ist.

Solch einen Schatz stellt dieses Sofa dar, das für hundert Mark auf einem Flohmarkt den Besitzer wechselte. Grazil und ziemlich verschmutzt stand es da, die Sitzfläche bildete eine Berg- und Talbahn, so daß eine Grundrenovierung nötig war. Wie bei allen solchen Vorhaben, sollte man sich auch bei der Restaurierung derartiger Stücke Zeit nehmen, denn die Arbeit lohnt sich, auch wenn die Wiederherstellung etwas aufwendiger ist.

Falls von Grund auf restauriert werden soll, muß man erst einmal die defekte Federung entfernen. Dazu dreht man das Sofa um und löst mit Nagelheber und Holzhammer die Gurtstifte. Anschließend wird der Bezugsstoff der Rückenlehne entfernt. Danach kann man den Sitz lösen und den Federkern auf einmal herausheben.

Bevor man nun an die Herstellung einer neuen Federung geht, müssen alle beschädigten Holzteile ausgebessert werden. Anschließend werden die Gurte mit Hilfe eines Gurtstrammers an der Holzzarge befestigt. Dabei nagelt man zuerst die Längsgurte an und flicht dann die kurzen Gurte quer durch, bevor man sie ebenfalls befe-

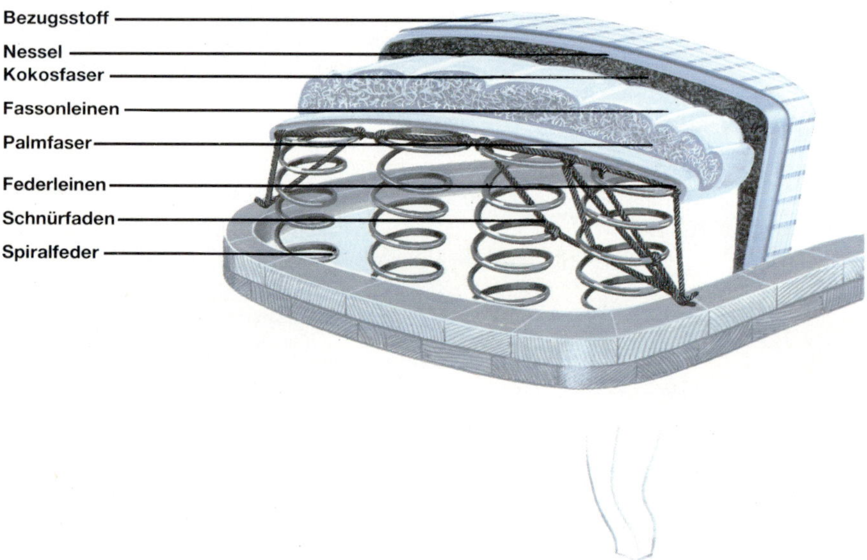

So sieht der Aufbau eines Federkerns aus. Für die Befestigung der Federn ist hier eine sogenannte französische Schnürung verwendet, die genau über Kreuz läuft. Für jede Federreihe wird ein Schnürfaden mit Gurtstiften an der Holzzarge befestigt.

stigt. Anschließend kommt auf jedes Gurtkreuz eine Spiralfeder, die mit Nadel und Hanffaden angenäht wird.
Jetzt gilt es, einen neuen Federkern zu schnüren. Wichtig dabei ist, daß die Knoten der Spiralfedern immer in eine Richtung zeigen, entweder halbrechts oder halblinks oben. Dadurch liegt die größte Spannung auf dem vorderen Teil der Federn. Bei der hinteren Reihe, das heißt unter der Lehne, liegt die Spannung hinten. Aus diesem Grund muß der Knoten der Federn umgekehrt liegen. Der geschnürte Sitz geht später genau bis unter die Armlehnen.

Zuerst beginnt man die Querschnürung, anschließend kommt die Längsschnürung. Das Schema der Schnürung ist auf der Zeichnung auf Seite 84 zu erkennen. Hier ist die sogenannte französische Schnürung verwendet, die genau über Kreuz läuft. Bei dieser Arbeit muß man genau darauf achten, daß die Federn nicht unterschiedlich gespannt werden, sondern jeweils gleich hoch sind. Schließlich wird rundherum um die Federung noch Kantendraht gezogen, den man jeweils an einem Knoten mit Kantenklammern befestigt.

Zuerst dreht man das Sofa um und löst die Gurtstifte. Nach Entfernen des Bezugsstoffes der Rücklehne kann man den Sitz lösen und den Federkern herausheben.

Mit Hilfe eines Gurtstrammers wird das Gurtband an der Holzzarge befestigt. Zuerst die Längsgurte, dann die kurzen Gurte quer durchflechten und sorgfältig aufnageln.

Auf jedes Gurtkreuz wird eine Spiralfeder aufgesetzt und mit Nadel und Hanffaden jeweils viermal angenäht. Dann wird für jede Federreihe ein Schnürfaden zugeschnitten und mit Gurtstiften befestigt.

Nachdem die Federreihen nach und nach miteinander verknotet sind, wird rings um die Schnürung Kantendraht gezogen, den man jeweils an einem Knoten mit Kantenklammern befestigt.

So sieht die fertige Verschnürung eines Federkernes aus. Vor allem ist zu beachten, daß die Spiralfedern nicht unterschiedlich hoch stehen. Der nächste Schritt ist dann das Aufpolstern des Sitzes.

Ein weiches Polster

Wer kennt das nicht? Da hat man einen schönen alten Polstersessel oder ein Sofa. Die Federung ist ja noch in Ordnung, aber die Polsterung ist total zusammengesessen. Polsterer verlangen für ihre Arbeit gutes Geld; also ist der Heimwerker wieder einmal gefordert.

Bei diesem Sofa wurde, wie im vorigen Kapitel beschrieben, der Federkern erneuert, so daß man für die Polsterung einen guten Untergrund hat. Als erstes bringt man eine Lage Federleinen an. Dabei ist darauf zu achten, daß es fadengerade zugeschnitten wird. Dieser Hinweis gilt im übrigen für alle Stoffe beim Polstern. Bei gemusterten Bezugsstoffen auch auf das Muster achten!

Über das Federleinen kommt dann Palmfaser, die man unter die Lasierfäden schiebt. Danach gibt man dem Ganzen Form und legt Fassonleinen darüber, das an der Zarge befestigt wird. Nachdem auch Feder- und Fassonleinen miteinander vernäht sind, kann man den Sitz vorsichtig eintreten oder einsitzen, damit die Palmfaser glatt wird. Anschließend kommt noch eine Lage Elancrin auf die Sitzfläche, das Lasierfäden festhalten. Darüber legt man eine Bahn Nessel, die mit Polsternadeln geheftet und anschließend mit der Rundnadel angenäht wird. Die letzte Polsterung übernimmt Diolenvlies, über das dann der Bezugsstoff genäht wird. Die Armlehnen müssen etwas unterfüttert und die Rundungen besonders gut ausgearbeitet werden. Nachdem auch der Rücken des Sofas bezogen ist, dreht man das Ganze um und tackert auf der Unterseite Nessel, den man vorher mit Zulage geschnitten hat, an der Holzzarge an.

Zuerst wird Federleinen fadengerade zugeschnitten und über den intakten Federkern gelegt. Mit Kammzwecken befestigt man es an der Zarge. An Rundungen etwas einschneiden.

Mit Garnierfaden wird das Federleinen entlang dem Kantendraht befestigt. Drei Reihen Lasierfaden darüberheften, anschließend Palmfaser zupfen und unter die Fäden schieben.

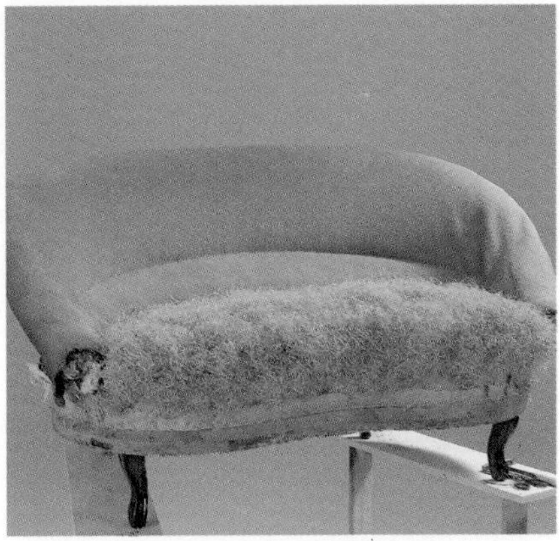

Beim Einstopfen der Palmfaser arbeitet man bereits die Form des späteren Sitzes aus. An der Vorderkante sollte dabei ein Wulst entstehen, weil sich das Polster sonst beim Sitzen nach einiger Zeit zusammendrückt.

Danach kommt Fassonleinen über die Palmfaser, das an der Zarge befestigt wird. Wülste werden abgerundet, anschließend angeheftet und dann festgenäht.

Nachdem das Fassonleinen durch Steppnähte mit dem Federleinen verbunden ist, kann man den Sitz vorsichtig eintreten oder einsitzen, damit die Palmfaser schön glatt wird.

Über die Sitzfläche Lasierfäden nähen, Elancrin unter die Fäden schieben, dabei gut zupfen. Den Sitz damit auffüllen und mit dem passend zugeschnittenen Nessel überziehen. Ebenso verfährt man mit dem Sitzboden, bevor man Diolenvlies und Bezugsstoff unter der Rückenlehne durchschiebt und hinten mit Kammzwecken befestigt.

Diolenvlies und Bezugsstoff anheften und mit der Rundnadel annähen. Den Abnäher im Bezugsstoff der Rückenlehne in der Quernaht des Polsters anheften und dann festnähen.

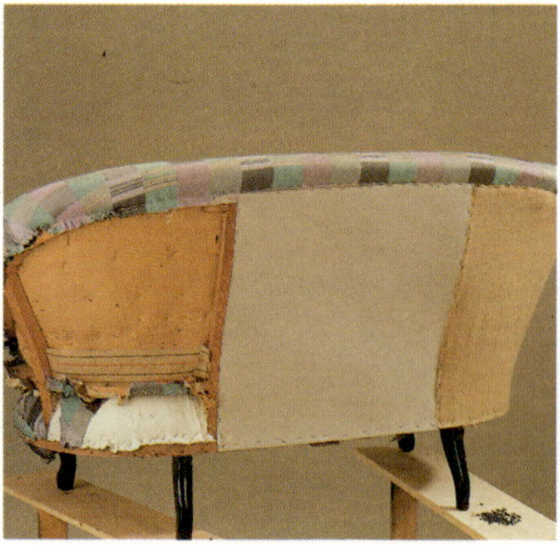

Das mittlere Teil der Rückwand wird mit Pappe, die seitlichen Teile werden mit Federleinen geschlossen. Schließlich werden hier ebenfalls Diolenvlies und der Polsterstoff angenäht.

Flotter Fünfziger

In den fünfziger Jahren waren sie groß in Mode, die sogenannten Cocktailsessel. Um so ein gutes Stück wieder auf Vordermann zu bringen, benötigen Sie 2,50 m Stoff von 1,30 m Breite. Es empfiehlt sich, einen festen Dekostoff zu verwenden; bei dünnen Baumwollstoffen sollten Sie darauf achten, daß sie eine feste Struktur haben. Wichtig beim Polstern ist, daß die Stoffe immer fadengerade zugeschnitten werden.

Spezielle Werkzeuge, die Sie zum Polstern benötigen, finden Sie im Polstereibedarfshandel. Bei dem hier gezeigten Sessel stellte sich heraus, daß das Sitzpolster noch sehr gut erhalten war, die Rückenlehne jedoch bis auf den Holzrahmen erneuert werden mußte.

Nagelheber und Zange helfen, den alten Stoff zu lösen. Zur Herstellung der neuen Rückenlehne benötigt man Jutegurte und einen Gurtspanner. Das Juteband wird in entsprechender Länge zugeschnitten und am unteren Ende angetackert. Am losen Ende setzt man den Gurtspanner an, spannt den Gurt und tackert ihn oben am Rahmen an.

Mit einer dreifachen Lage Diolenvlies wurde das alte Sitzpolster aufgefüllt, damit es wieder schön rund wurde. Bei allen Teilen, die nur bezogen werden, wiezum Beispiel Sitzboden (Seitenteil) oder Papprückwand, genügt eine aufgeklebte Lage Diolenvlies. Wichtig beim Polstern ist es, den Stoff immer wieder straff nachzuspannen, damit es keine Falten gibt. Die Ecken immer einschneiden und einfalzen.

1) Das Sitzpolster war noch gut erhalten und konnte bleiben; dagegen mußte die Rückenlehne bis auf den Holzrahmen erneuert werden.

2) Die Jutegurte für die Rückenlehne werden erst unten am Sessel angetackert und anschließend mit dem Gurtspanner straff angezogen.

3) Nach dem Spannen werden die Gurte am oberen Rahmen des Sessels mit dem Tacker befestigt. Dabei muß man darauf achten, daß sie sich nicht wieder lösen können.

Eine dreifache Lage Diolenvlies , die unter den Holzrahmen geklemmt wird, füllt den Sitz auf. Den Bezugsstoff hinten etwas länger zuschneiden und unter dem Rahmen durchziehen. Dann das Vlies und den Stoff spannen und mit Polsternadeln fixieren.

Den Stoff auf der Rückseite mittig einschneiden und ebenfalls mit Nadeln befestigen. Mit Rundnadel und Polstergarn nun den Bezugsstoff an der Sitzkante fest annähen, dabei den Faden immer nachziehen.

Nachdem die Sitzfläche befestigt ist, nochmals nach hinten nachspannen und den Stoff dicht antackern. Überschüssigen Stoff abschneiden. Stoff und Vlies für den Sitzboden zuschneiden.

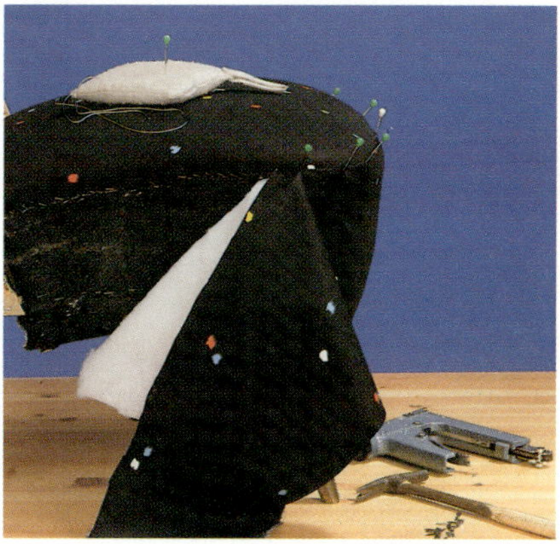

Den Sitzboden, also das Seitenteil des Sessels, mit Sprühkleber besprühen. Das Vlies wird dann aufgeklebt und der Bezugsstoff an der Naht mit Polsternadeln fixiert.

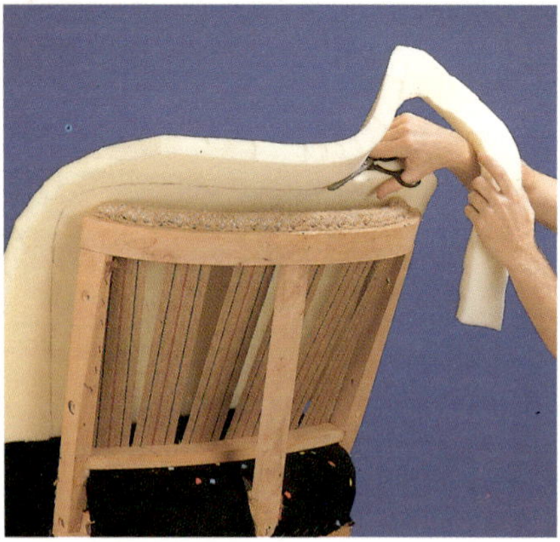

Damit die Sessellehne schön rund wird, ein Rundbourlett mit Kammzwecken an der Rahmenkante befestigen. Dann drei cm dicken Schaumstoff größer anzeichnen und zuschneiden. Schaumstoff und Rahmenkante mit Kontaktkleber einstreichen.

Anschließend werden die Rückengurte ebenfalls mit Sprühkleber versehen und der Schaumstoff in die Rundungen eingepaßt. Nun wird die obere Schaumstoffkante bündig auf den Holzrahmen gedrückt. Ecken werden abgerundet.

Jetzt befestigt man den Bezugsstoff der Rückenlehne oben und drückt ihn unten leicht unter die Rückenlehne. Man schneidet ihn in gleichmäßigen Abständen ein und schiebt ihn unter dem Holzrahmen durch, zieht ihn stramm und tackert ihn fest.

Nachdem die Papprückwand angetackert und mit Hilfe von Sprühkleber das Vlies darauf befestigt wurde, kann man die Rückwand beziehen und annähen. Zum Schluß wird die Unterseite des Sessels mit einem Stück Stoff verschlossen.